Pour une morale de l'ambiguïté

模糊性的道德

[法]西蒙娜·德·波伏瓦 著
张新木 译

Simone de Beauvoir

上海译文出版社

目 录

模糊性的道德……1

 一……3

 二……31

 三……69

  （一）美学的态度……69

  （二）自由与解放……73

  （三）行动的二律背反……90

  （四）现时与未来……109

  （五）模糊性……122

 结论……148

皮洛士与齐纳斯……153

 第一部分……159

老实人的花园……*159*

瞬间……*165*

无限……*175*

上帝……*178*

人类……*185*

处境……*197*

第二部分……*203*

他人……*203*

忠诚……*206*

交流……*222*

行动……*238*

结论……*245*

生活本身不好也不坏,它是我们或好或坏作为的场地。

蒙田

模糊性的道德

致比安卡

一

蒙田说：“我们一生的不断劳作，就是建造死亡。”他引证了拉丁诗人的名言：*Prima, quae vitam dedit, hora carpsit.*①以及：*Nascentes morimur.*②这个只有动物和植物经受的悲剧式的两重性，人是知道的，也对此进行思考。由此，一个新的悖论进入了人的命运。人这个"理性的动物"③，"思考的芦苇"④，虽然摆脱了自然条件的束缚，但是还没有从中彻底解放出来；这个世界，他很清楚它是什么，但他仍然是这个世界的一部分；他显示为纯粹的内在性，没有任何外在的力量能够掌握这种内在性。他也感觉到自己是一种事物，一种被其他事物的黑暗重量碾压着的事物。每时每刻，他都可以抓住自身生存的永恒真理；然而，在不复存在的过去和尚未到来的未来之间，他所在的这个瞬间却什么都不是。他是惟一拥有以下特权的人：在一个充满客体的世界中，他是最高的也是惟一的主体，他也只能与自己的所有同类分享这个世界；对他人来说，他也是一个客体，处在他赖以生存的集体之中，仅仅是该集体中的一个个体。

自从有人类以及人类生活以来，人类全都经历了人的状况那悲剧式的模糊性；但自从有哲学家以及哲学家开始思考以来，他们大都试图掩盖这个状况。他们竭力将精神缩减为物质，或者将物质吸收到精神之内，或者将两者混合到一种统一的实体中；那些接受二元论的人们，他们在躯体和灵魂之间建立起一个等级，将自我当中无法拯救的部分当作可以忽略的东西。他们否认死亡，或是把死亡融入生命，或是向人们许诺生命不朽；又或者他们否认生命，把生命看作一层幻觉的面纱，在面纱下隐藏的是涅槃的真理。而他们向信徒所倡导的道德一直追寻着同样的目的：其宗旨在于消除模糊性，将自己变为纯粹的内在性或纯粹的外在性，逃离可感知的世界或淹没在这个世界之中，获得永恒或自我封闭在纯粹的瞬间中。更为高明的是，黑格尔曾经主张不要拒绝人类状况中的任何方面，应将所有方面和解在一起；根据他的体系，瞬间被保存在时间的进程中，自然出现在那个既否定它又推出它的精神的面前，个体处

---

① 拉丁语，给你生命的第一天就将你引向死亡。引自拉丁诗人塞内加（约前4—65）。
② 拉丁语，出生的同时就向着死亡。引自拉丁诗人马尼利乌斯（约公元一世纪）。
③ 引自笛卡儿（René Descartes，1596—1650）。
④ 引自帕斯卡（Blaise Pascal，1623—1662）。

于集体之中，又在集体中消失，而每个人的死亡则通过自我消失在人类生活中而得以实现。这样人们就可以寄托于一个美好的乐观主义，即使是血腥的战争，它也只是在表达精神的深深忧虑。

现如今还存在众多的学说，面对十分复杂的处境，这些学说往往将某些棘手的方面置于阴影中。然而，倘若有人企图对我们说谎，那将是徒劳的：懦弱并不顶用；那些理性的玄学，那些安慰性的伦理，人们想以此来引诱我们，但结果只能加重我们正在经受的不安之感。如今的人们似乎比以往任何时候都更加感受到其生存状况的反常。他们把自己认同为最高目标，任何行动都要服从这一最高目标；但是行动的要求又迫使他们把自己当作工具或障碍，即当作手段；他们对世界的控制越紧，就越是被无法控制的力量所压垮：作为原子弹的主人，发明原子弹就是为了消灭他们自己；每个人都想表达对自己生活的无与伦比的兴趣，然而在偌大的集体中，他们又感觉到自己并不比一只昆虫更具有意义，何况这个集体的边界与大地的边界一样模糊不清；在任何时代，他们也许都没有如此清晰地展现过自身的伟大性，在任何时代，他们的伟大性也没有被如此野蛮地践踏过。每时每刻，在诸多时机，尽管有那么多顽固的假象，依然会真相大白：生命和死亡的真理，我的孤独和我与世界的联系的真理，我的自由和我受奴役的真理，还有每个人和所有人的渺小和崇高的真理。曾经有过斯大林格勒①和布痕瓦尔德②，他们中的任何一方都不能抹掉另一方。既然我们不能回避真理，那么就让我们正视真理吧。让我们承担起我们基本的模糊性吧。只有认识到我们生活的真实状况，我们才能汲取生活的力量和行动的道理。

存在主义一开始就被定义为一种模糊性的哲学；克尔恺郭尔也正是通过肯定模糊性的顽固特征来对抗黑格尔的。时至今日，萨特在《存在与虚无》中正是用模糊性这个概念对人作了根本性的定义。人这个生灵，其存在就是它不存在，人的主观性只能通过在世界中的在场才能自我实现，人是一种介入的自由，是一个突然出现的自为③，即立即给予他人的自为。但也有人主张，存在主义是一种荒诞和绝望的哲学；它将人封闭在一种无结果的焦虑中，一种空洞的主观性中；它不能给人提供任何的选择原理：他爱怎么做就怎么做，但无论如何这一局是输定了。确实，萨特不也宣称人是"一股无用的激情"么？说人还试图将自为和自在综合起来，让自己成为上帝，但是徒劳。这都是实情。但是，最为乐观的道德全部以强调人的状况中的失败部分而开始，这也是实情。没有失败，也就没有道德；对一个首先要和自身完全符合、并达到完美的生灵来说，

---

① 指斯大林格勒保卫战。
② 指布痕瓦尔德集中营。
③ 自为（pour-soi）是相对于自在（en-soi）而言。黑格尔认为，自在和自为是概念的两个阶段。在自为阶段，隐藏在概念中的对立元素开始分化，对立就显示出来。

应该存在(devoir-être)的概念将没有任何意义。人们不会向上帝建议一种道德；如果将人定义为自然物，或定义为已知物，也不能向人倡导任何道德：所谓心理的或经验的道德，也只能通过悄悄引入人的某种缺陷才能构成，而这时的人已经被这些道德定义为事物的人(homme-chose)。黑格尔在《精神现象学》最后一部分说，道德的意识只有在自然性与道德性之间出现失调的情况下才能继续存在；倘若道德的法则变成了自然的法则，那么道德的意识也随之消失。结果是要通过一种反常的"位移"，假如道德行动是绝对目的，那么绝对目的也就是道德行动的缺席。这就是说，只有对这样一个生灵来说才拥有应该存在，即根据存在主义的定义，这个生灵在自己的存在中不断考问自己；这是一个远离自身的生灵，一个需要让自己的存在去存在的生灵。

也罢，有人这么说。但失败还是应该被克服；而存在主义本体论却不允许这种希望：人的激情是无用的，对他来说，没有任何办法使他变成他所不是的生灵。这倒是真的。而同样真实的是，在《存在与虚无》中，萨特尤其强调了人类冒险中所缺失的方面；只是在该书的最后几页中，他才对某种道德作出展望。然而，倘若我们思考一下他对生存的描述，会发现这些描述并没有给无助的人类做出最终判决。

《存在与虚无》中描述的失败是终结性的，但也是模糊的。萨特对我们说，人是"一个让自己的存在缺失的生灵，以便获得存在"。这首先是说他的激情并不是外部强加给他的；是他自己选择了激情，激情就是他的存在本身，作为激情，它不会导致不幸的念头。如果这个选择被说成是无用的，那是因为在人的激情之前，在人的激情之外，不存在任何绝对的价值，人们不能根据这个价值来定义无用和有用之物；在《存在与虚无》的描述中，"有用"这个词还没有获得其意义：它只能在人类世界中得到确定，而这个世界是由人提出的计划和目的构成的。人类出自原始的孤独，在孤独中既没有有用的东西，也没有无用的东西。因此我们应该明白，人所赞同的激情并不能找到任何外部的证明；没有任何来自外部的召唤，没有任何客观的必要性使激情被称作有用的东西；激情没有任何道理需要自己。但这并不是说它不能自我证明，给自己提供它还没有的存在的理由。而且，实际上，萨特已经对我们说了，他说人让自己的存在缺失，以便获得存在；"以便"这个词明确指出了某种意向性；人让存在虚无化并不完全是徒劳之举：多亏有了人，存在才被揭示出来，而人需要这种揭示。人有一种原始的对存在的依恋，这种依恋并不是关系，而是愿意存在，好好地存在：这就是想要揭示存在。然而，在这里并没有失败，相反倒是有成功：人通过让自己的存在缺失给自己提出目标，而这个目标实际上只能靠人本身来实现。通过脱离世界，人使自己出现在世界中，也使世界展现在人的面前。我愿意成为我所凝视的风景，我希望这片蓝天、这片平静的水面在我的身上出现，希望它们表达的是一个有血有肉的我，而我则停留在远方；也正是因为有这个距离，蓝天碧水才能够在我面前存在；我的凝视，正因为它也是一种欢乐，它才是一种撕心裂肺。我不能将我在上面滑行的雪场占为己有：它是一个外来物，一个禁忌；但我热衷于这种努力，争取一种不可能的拥有，把它当作一种胜利，而不是失败来感受。这就是说，在试图成为上帝的徒劳尝试中，人使自己以人的身份去生存，而如果他对这种生存感到满意的话，他就和自我完全符合了。对人来说，如果他想生存，就必须走向那个他永远也不能成为的生灵；但是，他可以希望这种张力，包括这种张力中所包含的失败。他的存在就是有缺失的存在，但有一种这个缺失的存在方式，它恰恰就是生存。用黑格尔的话来说，我们可以说这里有一种否定之否定，通过否定之否定，积极面得到重建：人让自己缺失，但他也可以否认作为缺失的缺失，并显示为积极的生存。于是他承担起失败。作为获得存在的努力，注定的行动找到了自身的有效性，找到了作为体现生存的有效性。然而，与其说是对黑格尔的一种超越，倒不如说是一种转变；因为在黑格尔看来，超越的终点只是被当作抽象的时刻保留下来，而我们则认为，生存还是一种否定性，是在对生存进行积极肯定中的否定性；生存自身并不表现为一种日后综合的终点：失败并没有被超越，它只是被承担下来。生存被当作一种绝对物表现出来，它应该从自我中寻找自我证明，而不应该自我取消，哪怕是自我保留下来也好。人为了获得自身的真理，就不应该尝试消除其生存的模糊性，相反，应该接受并实现这种模糊性；人只有在下列方式中才能与自我会合，即他同意停留在远离自身的地方。这种转变与斯多葛①式转变有着极其深刻的区别，相对于可感知的世界来说，它并不主张一个无内容的形式自由；实实在在地生存，这并不否认我的超验的自发运动，而只是拒绝将自我迷失在这个运动中。存在主义的转变应该更接近于胡塞尔②的缩减：即让人将自己的存在意志"放入括号内"，这样就唤起了他对真实状况的意识。正如现象学缩减那样，它通过延缓任何的断定来防止教条主义的错误，这种断定一般涉及外部世界的现实方式，而且它也不否认外部世界中有血肉之躯的在场；同样，存在主义的转变并不消除我的本能，我的欲望，我的计划，我的激情：它只是防止任何失败的可能性，拒绝将目标作为绝对物提出来，作为我的超验自行抛向之处，同时还要看到这些目标之间的关系，还有计划这些目标的自由。

这种态度的第一个后果，就是真正的人不愿承认任何外来的绝对物；当一个人将一个不可能的综合投射到理想的天空中时，即将自为和自在综合成人们所称呼的上帝时，他是希望这

---

① 斯多葛主义，古希腊哲学家芝诺（Zenon，前335—前264）及其弟子创立的学说，认为幸福存在于美德之中，主张淡泊物质的利益，克制感官的欲望，宣扬禁欲主义。
② Edmund Husserl (1859—1938)，德国哲学家，现象学学派创始人。

个存在着的生灵的目光能够将其生存改变为存在；但如果他接受不存在的状态，以便能够真正地生存，他将放弃对一个非人类客观性的梦想；他将明白，问题不在于他在上帝眼中有没有道理，而是在于在他自己眼中有没有道理。当他放弃从自我外部寻找自身生存的保证时，也就拒绝相信一些非条件束缚的价值，这些价值像一些物品，从自由的横切面上站立起来；价值就是这个缺失的存在，就是其自由缺失的存在；正因为自由缺失，价值才能体现出来；是欲望创造了可欲望之物，是计划提出了目标。是人的生存使得价值出现在世界上，生存将根据这些价值去评判生存即将投身的事业；但是它首先位于任何乐观主义之外，正像它游离于任何悲观主义之外一样，因为它原始喷发的事实是一种纯粹的偶然性；在生存之前，既没有生存的理由，也没有不生存的理由。生存的事实不能自我做出评价，因为这个事实是确定一切评价原则的出发点；它不能与任何东西作比较，因为在它之外没有任何东西可以作它的比较终点。这种对外在证明的拒绝也证实了对某种原始悲观主义的拒绝，即拒绝我们先前提出的悲观主义：既然生存从外部无法证明，这就不是谴责生存，而是从外部宣告生存是没有经过证明的。确实，生存的外部没有任何人。人生存着。对他来说，问题不在于知道他在世界中的在场是否有用，或生活是否有必要经历一番；这是一些毫无意义的问题。重要的是要知道他是否愿意生活，并且在什么条件下生活。

但是，如果人可以自由地决定自己生活的条件，即在他看来值得生活的条件，那他是否能够选择任何东西呢？是否能够以任何方式行动呢？陀思妥耶夫斯基证实说："如果上帝不存在，一切都是允许的。"如今的信徒们出于自身的利益而捡起这个说法。他们声称，将人恢复到命运的中心地位上，就是抛弃所有的道德。然而事情远非如此，不是上帝的缺席给予了所有的许可，相反是因为人被遗弃到了凡尘俗世，所以他的行为才是终极的和绝对的介入。他承担着对世界的责任，而这个世界并不是一个外来神力的作品，而是他自己的作品。在这个作品中，既铭刻了他的胜利，也烙上了失败的印记。上帝可以宽恕人，可以抹掉缺陷，可以做出补偿；但是如果上帝不存在，人类的错误就成为不可救赎的错误。如果有人声称，无论如何，这种凡间的得失并不重要，这正是在祈求一种非人类的客观性，即我们起初就拒绝的客观性。我们不能先入为主地说，我们的尘世命运具有还是没有意义，因为正是我们在为命运赋予意义。正是人自己在作决定，决定作为一个人存在是否很重要，也只有他自己能够感受到成功的喜悦或失败的沮丧。而如果有人说，没有任何东西能够强迫人试图为自己的存在作证明，这就是有人在恶意玩弄自由的概念。信徒也有犯原罪的自由；神圣法律也只有在人决定拯救自己的灵魂时才能约束于他。在基督教中，尽管如今的人们对此讳莫如深，其实也不乏下地狱之辈。因此，在凡尘俗世，一个不寻求自我创立的生命，那纯粹是一种偶然性。但是，生命想给自己一个意义和一个真理也是可以的。生命将在自身的中心遇到极其严格的要求。

然而，即使在世俗道德的支持者中，也有许多人指责存在主义，说它并未向道德行为建议任何客观的内容；有人说这种哲学是一种主观主义，甚至是一种唯我论；而人一旦封闭在自身中，他怎么能从中摆脱出来呢？这种说法也只能证明其中具有很多的恶意成分。我们都知道，成为一个主体的事实是普遍的事实，而且笛卡儿的我思同时表达了最为特别的经验和最为客观的真理。在肯定所有价值的源泉来自人的自由时，存在主义只是继承了康德、费希特①、黑格尔的传统，用黑格尔自己的话来说，他们"以下述原则作为出发点，即权利与义务的本质和思维与欲望主体的本质是完全相同的"。给任何一种人文主义作定义的根据，就是道德世界不是一个赐予的世界、一个很陌生的世界、一个应该努力从外部达到的世界：而是人想要的世界，前提是人的意志要表达世界的真正现实。

也罢，另一些人说。但是康德已经摆脱了唯我论，因为他认为，真正的现实就是那个人类的人，即那个能够超越自身经验性体现的人，那个把自己选择为有普遍代表性的人。毫无疑问，黑格尔会这样断言，"具有特别性的个体的权利同样包含

---

① Johann Gottlieb Fichte（1762—1814），德国古典主义哲学代表人物之一。

在道德的物质性中，因为这种特别性是一种极端的方式，一种现象的方式，而道德现实就存在于其中"（见《法哲学原理》第一五四节）。然而这种特别性在人身上出现时，仅仅是作为总体的一个瞬间，它必须在总体中自我超越。这与存在主义不同，它不是一个无人称的普遍的人，即构成价值源泉的那个人：这里体现出具体的人和特别的人的多数性，他们从不同的处境出发，将自己投向各自不同的目标。而这些处境的特别性也与主观性本身一样绝对和不可缩减。人类在原始时期就是分离的，他们怎么能聚到一起来呢？

　　实际上，我们已经涉及对待问题的真正立场。但是，提出这个问题，并不是想证明它无法解决。相反，这里还应该回顾一下黑格尔"位移"的概念：只有在有问题要解决的情况下才存在道德问题。我们还可以颠倒一下前面的论证，说那些带来解决方法的道德原则，即抹杀了人是分离的这个事实的道德，它们是无效的，因为这种分离恰恰是存在着的。一种模糊性的道德，它应该是一种拒绝作先验性否定的道德，不能先入为主地否认这一点，即分离的生存者同时也是互相联系着的，他们那特别的自由能够锻造出对所有人都有效的法则。

　　在着手寻找解决方法之前，注意到这一点是很有意思的，即处境的概念和由此带来的对分离的认识，这不仅仅是存在主义专有的概念，我们在马克思主义中也遇到这个概念，从某个角度来看，我们可以把它看作主观性的一个顶峰。马克思主义就像任何一种激进的人文主义一样，它拒绝那种非人类的客观性的思想，把自己置于康德与黑格尔的传统之中。老牌的空想社会主义者将大地的自然秩序与司法、神圣秩序和善良的刻板模式对立起来；马克思则不同，他不认为某些人类的处境本身就绝对比其他的处境更值得偏爱：只有人民的需求和阶级的反抗才能确定目的和目标；只有从某个被拒绝的处境中，只有通过这种拒绝，才能出现一种令人期待的新的状况；只有人的意志才能决定一切；只有特别地根植于历史与经济的世界中，这个意志才能将自身投向未来，选择一个视角，而在这个视角中，诸如目的、进步、效率、成功、失败、行动、对手、工具、障碍等词才有了意义；于是，某些行动就可以被看成善良之举，而其他一些行动则是邪恶之举。为了让革命价值的天地早日出现，必须有一个主观的运动在反抗与希望中创造这些价值。而在马克思主义者看来，这个主观运动是最根本的运动，因而，如果一位知识分子，一位资产阶级分子，他宣称也要搞革命，人们就会不信任他；人们会想，资产阶级知识分子只能通过抽象的认识，从外部进入这些价值，他们自己是不能构建这些价值的。无论他做什么，他的处境不允许他的目标与无产者所追求的目标绝对一致，因为并不是他生命的冲动本身孕育了这些目标。

问题是，在马克思主义中，如果说行动的目的和意义果真是由人的意志所决定的，但这些意志好像并不是自由的：它们是客观条件的反映,有关阶级,有关人民的处境便是由这些条件决定的。在资本主义发展的现阶段中,无产阶级不能不设想消灭整个资产阶级;主观性被吸收到已知世界的客观性中;反抗、需要、希望、拒绝、欲望等仅仅是外部力量的合力;行为心理学正在努力认识这门炼丹术。

众所周知,正是在这最本质的一点上,存在主义本体论与辩证唯物主义相对抗:我们认为,处境的意义并不是强加给被动主体的意识的,它只能通过一个自由主体在投射①(projet)中所进行的揭示行为来展示。显而易见,为了接受马克思主义,为了参加一个政党,加入一个党而不加入另一个党,为了与该主义或该政党保持活跃的关系,马克思主义自身必须作一个决定,而且这个决定的源泉只能来自它自身;这种自主性并不是知识分子和资产阶级分子的特长(或缺陷):无产阶级就其整体而言,作为一个阶级,它能够以更多的方式意识到它的处境;它可以通过一个政党或另一政党去要求革命,它也可以任凭他人诱惑,正像德国无产阶级所出现的那种情况,它也可以在资本主义给予的令人厌烦的舒适中蒙头睡觉,就像美国无产阶级所做的那样。在所有这些情况下,可以说无产阶级已经背叛了自己:当然它还得有背叛的自由。或者,如果我们要区分真正

---

① 原意为"把物体抛向前方"。如果将主体或心理实体抛向前方,那就是一种"投射",而如果把一种愿望或打算抛向前方,那就是一种"计划"。作者在本书中大量使用这个词,根据语境,有时译作"投射",有时译作"计划"。

的无产阶级和叛变的无产阶级，即迷失的、无意识的和受骗的无产阶级，那么我们与之打交道的并不是有血有肉的无产阶级，而是要与无产阶级这个观念进行较量，这是马克思所嘲弄的众多观念之一。

因此，马克思主义实际上总是在否定自由；如果历史仅仅是一种机械的运动，人好像是一位被外部力量牵着走的被动司机，那行动的概念本身就失去了所有意义。只有通过行动，在主张行动时，马克思主义革命者才能表现出真正的动力，他才能让自己自由。甚至令人感到奇怪的是，如今大部分马克思主义者——与马克思本人不同——面对道德论者那平淡无奇而又富含建设性的话语，却感觉不到丝毫的厌恶。他们并不局限于根据历史现实主义去指责他们的对手：当他们指责对手懦弱、说谎、自私、唯利是图时，他们就是想以高于历史的道德论来谴责对手。同样，他们在互相奉承时，其赞美之词洋溢着无数不朽的美德：无畏气概、献身精神、头脑清醒、坚如磐石等等。我们也许可以说，所有这些赞美之词都被用来当作宣传口号，这是一种有某种用途的语言活动；当然，这也意味着这种语言有人听取，它能够在说话对象的那些人心中引起反响；然而，如果我们把一个人的行为仅仅看作一种纯粹的机械合力，那蔑视和重视也就都没有了意义。要生气，要欣赏，人们必须意识到其他人的自由，意识到自身的自由。在每个人身上，在每个集体战术中，一切事情的发生就像所有人都是自由的一样。但是，一种和谐的人文主义能做出怎样的揭示呢？这种揭示又怎样去对抗人对自身所作的见证呢？因此，马克思主义者也常常面对这种状况，即不断修正人对自身自由的信仰，甚至尽可能地将这种自由与决定论作某种调和。

然而，当这种让步来自行动的实践本身时，它是以行动的名义去主张谴责一种关于自由的哲学；马克思主义者权威地宣称，自由的存在使得任何具体化的事业都变得不可能；根据他们的观点，如果一个个体不是被外部世界所迫而想要这样或那样东西，就没有什么可以保护他去对抗他的随心所欲。在这里，我们看到以另一种语言表达的责备，这是非常尊重超自然的迫切需要的信徒所作的责备。马克思主义者和基督徒都认为，自由地行动似乎就是放弃为自己的行为作证。这里有一种奇怪的反转，颠倒了康德的"你应该，所以你就能够"；康德以道德观念的名义预先提出了自由概念；马克思主义者则相反，宣称"你应该，所以你就不能够"；一个人的行动，只有在这个人没有通过内在运动来构成这个行动时才有效；接受一种选择的本体论的可能性，这就已经背叛了伟大事业。这是否说，革命的态度拒绝以任何方式成为一种道德的态度呢？这倒是符合逻辑的，因为我们和黑格尔一样，发现只有当选择起初还没有实现时，它才能构成符合道德的选择。但马克思主义思想在这里还是有些徘徊不定；它蔑视那些与这个世界毫不相干的唯心主义道德；但这种嘲笑意味着，在行动以外不可能有什么道德,这并不是说行动会在一般的自然程序中自我贬低。显而易见,革命的事业主张有一个人道的意义。列宁大体上说了这样的话:"我认为,任何对党有益的活动就是道德的活动,任何对党有害的活动就是非道德的活动。"他的话是一把双刃剑:一方面,他拒绝那些过时的价值,但另一方面,他又在政治运动中看到人的一种总体表现,即人既是一种应该存在,也是一种存在。列宁拒绝抽象地提出道德的概念,因为他想真正地实现这个道德。而在马克思主义者的言论、著作和行为中,到处都有一种关于道德的思想。因此,以恐怖的心情去拒绝选择的时刻是一种矛盾的行为,因为选择的时刻恰恰就是精神进入自然的时刻,是人和道德观念得以具体实现的时刻。

无论如何,我们自己还是相信自由的。那么,这种信仰是否真的会将我们带向绝望呢?是否需要接受这个奇怪的悖论:即一个人从意识到他自由的时候起,就被禁止希望任何东西呢?

我们觉得正好相反,只有当我们转向这个自由时,我们才能发现一个行动的准则,其意义将具有普遍性。任何道德的本质,就是把人类生活看作一场对弈,一场有可能赢也有可能输的较量,要向人们传授获胜的手段。然而我们也看到,人的原始意图就是模糊的:他想要存在,而正因为他与存在的意志相符,他反倒失败了。所有的计划,即在其中实现愿意存在(vouloir-être)的计划都被否决,而这些计划所圈定的目标都成了海市蜃楼。在这些流产的企图中,人类的超验被白白地消耗。但人也想让自己成为对存在的揭示,如果他能与这个意志相符,他就能获胜。因为事实是这样,通过人在世界中的在场,世界也就变成在场的世界。但这种揭示导致一种永久的张力,将生灵保持在一定的距离上,使他从世界中剥离出来,以自由的面貌显示出来:想要揭示世界,想要自由,这是惟一的也是同一的运动。自由是一个源泉,所有意义和所有价值都从中喷发;它是证明一切生存的原始条件。为自己的生命寻找证明的人,首先必须要求和绝对要求得到真正的自由:在要求实现具体的目标和特别的计划时,自由原则自身也应该放之四海而皆准。自由还不是一个完全构建好的价值,能从外部向我建议一种抽象的参与。它似乎还是(并不是在事实的层面上,而是在道德的层面上)一个自身的未竟事业:它必然会受到众多价值的召唤,这些价值是它自己提出的,而且它自身也是在这些价值中产生的。自由不能建立对自身的拒绝,因为在拒绝自身时,它就拒绝了任何可能的依据。要求道德和要求自由,这是惟一的也是同一的决定。

我们似乎觉得,我们刚才所依据的黑格尔的"位移"概念与我们的观念正好相背。只有当道德行动不在场时才会有道德。然而萨特宣称,所有人都是自由的,人没有任何办法让自己不自由;当他想逃脱命运的摆布时,他也是在自由地逃脱。这种可以称之为自然的一个自由的在场,是否与道德的自由概念相矛盾呢？下列这些词的意义又是什么：即愿意自由，因为我们首先就是自由的。如果自由是一个已知物，那提出自由是一种征服活动，那就是自相矛盾。

这种异议，只有当自由是一个事物，或自由是一种与事物自然相连的品质时，它才有意义；那么事实上也是如此，要么我们拥有它，要么我们不拥有它；但实际上，自由与一个模糊现实的运动本身混为一体，这个模糊的现实，我们称之为生存，它实际上只是让自己存在；因此，只有当存在作为应该被征服的东西时，它才能给自己以生存。愿意自由，就是实行从自然性到道德性的过渡，在我们生存的原始迸发上建立一种真正的自由。

人们自发地投身于世界，从这个意义上来说，任何人在初始时都是自由的。但如果我们考察一下它的人为性，这种自发性在我们看来就只能是一种纯粹的偶然性，一种思想的迸发，它与伊壁鸠鲁原子论的克里纳门偏差一样愚蠢，这种偏差会在任何时候发生，会偏向任何方向；原子必须到达某个地方，但原子的运动却无法用一个尚未选择的结局来证明，它仍然是一个荒诞的运动。因此，人类的自发性总是自我投向某个东西；甚至在失控行为和神经病发作中，精神分析学家也会发现某种意义；但是，要让这个意义证明揭示意义的超验时，意义自身就应该首先得到建立；如果我没有选择去建立这个意义，这个意义就没有建立。然而，我可以回避这个选择；我们说过，故意让自己不自由将是非常矛盾的事；但我们可以不让自己自由：如懒惰、轻率、任性、懦弱、急躁等，在这些情绪下，我们可以在确定投射的时候就否定它的意义。于是，主体的自发性仅仅是一种徒劳而活跃的搏动，其面向客体的运动仅仅是一种逃逸，而主体本身则是一种不在场。为使这种不在场转变为在场，使逃逸转变为意志，我必须积极地承担我的投射；重点并不在于我对完全内在的运动进行自省，对一种已知的自发性的抽象运动进行自省，而是要加入到具体的和特别的运动之中，通过这个运动，通过将自身投向一个目标，自发性才能得到确定。也只有通过自发性提出的这个目标，我的自发性才能以反射到自身的方式得到确定。于是，通过仅有的一个运动，我的意志既建立了行为的内容，又通过内容给自己提供了合法性。通过安排客体的在场，我把自己的在场安排在客体的面前，这样我也实现了面向他人的逃逸，并把这种逃逸当作自由。但是这种证明需要一种恒定的张力：这种证明还从来没有实现过，这种证明应该不停地自我实现；我的投射还从未建立过，它在自我建立着。为了避免这种持久选择的焦虑，人们可以设想躲进客体本身之中，将自己的在场淹没在客体中；在严肃意识的奴役下，原始的自发性在努力地自我否定；它在徒劳地努力着，然而，自发性并没有将自己实现为道德的自由。

关于这个自由，我们刚才只描绘了它主观与形式的方面。但我们还应该要问，是不是通过任何的内容，人们都可以愿意自由。首先必须看到，这种意志是随着时间而发展；只有通过时间，目标才能确定，自由才能确定，这就会假设它通过时间分段，以单位的形式逐步实现。只有摆脱纯粹瞬间的荒诞性，才能摆脱克里纳门偏差的荒诞性；如果一个生存每时每刻都在向虚无倒塌，它就无法自我建立；因此对儿童来说，只要他还不能在过去中自我认识，也不能在未来中自我预想，就不存在任何道德问题。只有在他生活的时刻开始组织成行为时，他才能做出决定和选择。具体地说，只有通过耐心、勇气和忠诚，人们所选择的目标的价值才能确定下来，同样，选择的真实性才能显示出来。如果我将一个我已经完成的行为放弃在身后，即让它回到过去，它就变成了一个事物，它不过就是一个愚蠢的和不透明的事实。为了阻止这种变形的发生，我必须不停地捡起它，在我介入的投射单位中证明它；建立我的超验运动，这就要求我永远也不能放任自流，让这个运动毫无价值地重新落入自生自灭的状况，我必须无限地延长这个运动。这样，当我现今真正需要一个目标时，我就要求一个贯穿我整个生存的目标；这个生存，它应作为这个现时时刻的未来，作为即将到来日子的过时的过去：愿意，就是保证我要坚持自己的意志。这并不意味着我不应该确定任何限定的目标：我可以绝对地和永远地要求一种瞬间的揭示。这意味着这个暂时目标的价值将得到无限的肯定。然而，这种现行的肯定不会仅仅是思考型的或语言型的；它只有通过行为才能进行；应该这样，我朝着一个目的自我超越，而这个目的在我看来像是一个起点，一个走向新的超越的起点。这样就幸运地发展了一种创造性自由，永远也不会僵化为未证明的人为性。创造者依靠从前的创造来创造新的创造可能；他现时的投射与过去亲密无间，对即将到来的自由给予一如既往的信任。每时每刻，他都用后续的揭示来揭示有目标的存在；在每个瞬间，他的自由都通过整个创造活动得到逐步确定。

然而，人并不创造世界。他只有通过世界对人的抗拒才能成功地揭示这个世界；只有通过给自己激发障碍，意志才能得到确定；有时还需通过人为性的偶然性，某些障碍才可以被征服，而另一些则不能。当笛卡儿说人的自由是无限的，但他的权力是有限的，所表达的就是这个意思。那么这种局限的在场怎样才能与自由的思想调和呢？因为这种自由以单位和无限的运动来确定自己。

面对一个不可逾越的障碍，固执己见是愚蠢的：如果我固执地用拳头敲打一堵不可动摇的墙壁，我的自由将在这个无用的行为中枯竭，而且不能成功地给它一个内容；它将衰落为一个徒劳的偶然性。然而，没有比顺从更令人伤心的德行了；顺从将早先构成的作为意志和自由的计划转换成偶然的幻觉和遐想。一位青年曾经希望有一种幸福的生活，或有用的生活，或光荣的生活；如果他成为的那个人用过分冷漠的眼光看待他青少年时流产的那些企图，那么这些企图将永远僵化在已经消逝的过去中。当一种努力失败时，人们会苦涩地说，他们浪费了自己的时间，浪费了自己的力气；失败判决了我们所作的努力中的整个这一部分。斯多葛主义者宣扬冷漠情绪，其目的就是要摆脱这种两难命题。如果我们同意放弃我们计划的特别性，我们确实可以确定我们的自由，以对抗任何的束缚：如果一扇门拒绝打开，那就让我们接受它不打开的事实，这样我们就自由了。但这样我们只是成功地挽救了自由的一个抽象概念，或掏空了自由的所有内容和所有真理：正因为人的权力被放弃了，所以它就不再有任何限制。正是计划的特别性决定了权力的限制程度，但也是这个特别性给计划赋予了内容，并使计划得以确立。有这样一些人，失败的念头会引发他们的极端恐惧，以至于他们控制自己永远不想要任何东西：但谁也不想把这个平淡的被动性看作自由的胜利。

事实上，为了不让自由冒风险，撞死在其介入本身所引发的障碍上，为了让自由能够穿越失败而继续它的运动，它必须给自己一个特别的内容，必须通过失败给自己确定一个目标，这个目标不是其他任何东西，而恰恰就是存在的自由运动。公众舆论在这里并不是个坏法官，它很欣赏一个人在破产或遇险的情况下能够振作起来，也就是说他会重新投身到世界中，以此高度地表明，他在事物面前具有自由的独立性。因此，当患病的凡·高从容地接受一个他不再可能描绘的未来前景时，这里没有丝毫的无结果的顺从；绘画对他来说是一种个人的生活方式，也是与他人交流的一种方式，这种生活方式可以以另一种形式持续下去，直至进入一个避难场所。在这样一种放弃行为中，过去将被融入，自由将被确定；过去将同时在痛苦与欢乐中被人经历：在痛苦中，因为投射活动这时被剥去了它那特别的面孔，奉献上了它的血与肉；而在欢乐中，因为在人们松开手时，他们的双手腾空了出来，正好可以伸向一个新的未来。但是这种超越只有在下列情况下才能有效，即其内容并不是用来阻挡未来，相反为未来描绘出新的可能性；这就通过另一个途径将我们引向我们已经指出的东西：我的自由不应该试图去截获存在，而是去揭示它；揭示它，就是从存在走向生存的过渡；我的自由所指定的目的，就是要通过存在那总是缺失的深度来征服生存。

然而，这样一种拯救只有这样才是可能的，即当一个人，尽管他遇到许多障碍，遭受过许多挫折，但他还保持着对未来的安排，而且他的处境还给他开放着许多可能性。在超验与其目的相割裂的情况下，他对那些能给自己带来有效内容的东西已经没有任何的掌握权，他的自发性在逐步消失，不能建立任何东西；这时，他已不能积极地证明自己的生存，而只是感受到其中的偶然性，心中不乏厌恶和遗憾之感。没有比这更可恶的惩罚人的方法了，即既强迫人做出一些行为，又否认这些行为的意义：不停地让人开挖和填满一条水沟，强迫受罚的士兵走圆圈，老师强迫小学生抄写作业，都是这种情况。去年九月在意大利爆发了反抗行为，因为有人让失业者去敲石子，而这些石子又不派任何用场。众所周知，这也是造成一八四八年国营工场破产的弊端之一。这种用无效的努力进行的欺骗，它比劳累更令人难以容忍。终身监禁是刑罚中最为可怕的，因为它让生存保留在纯粹的人为性中，但又杜绝它的一切合法性。一种自由如果不想作为无限的运动，那这种自由就不能要。它必须绝对拒绝阻挡它感情奔放的那些束缚。当这种束缚是自然的束缚时，这种拒绝就具有积极的形象：人们在治愈病痛时就是在拒绝疾病；但当压迫者是某种人类的自由时，那么这种拒绝就具有反抗的消极的形象。人们不能否认存在，自在是生存着的，而在这个圆满的存在之上，在这个纯粹的积极性之上，否定是没有控制权的；人们无法摆脱这种完美：一幢倒塌的房屋就是一个废墟，一根折断的链条就是一段废铁；人们到达的就是这个意义，而且通过这个意义，人们将到达投射其中的自为；自为将虚无摆在自己的内心，它可能会被消灭，或消灭在其生存的迸发本身中，或是消灭在穿越它所生存的那个世界中；当囚犯从监狱里逃脱后，监狱就这样被否定了。但是作为纯粹消极运动的反抗，它还处于抽象的状态；只有转变成积极运动后，反抗才能作为自由而得以完成，也就是说通过一个活动给自己提供一个内容：如逃避、政治斗争、革命等。因此，人类的超验通过毁坏现有的处境瞄准着整个未来，这个未来来自超验的胜利；它还与自身缔结上无限的关系。当然还有一些临界处境，在那里，面向积极运动的转换是不可能的，未来被彻底地阻拦着。于是，反抗只能在对强加的处境的最终拒绝中得以实现，只能在自杀中实现。

我们看到，一方面，自由总是可以得到拯救，因为它通过失败并作为对生存的揭示而得以实现，它也可以通过自由选择的死亡来加以确认。但另一方面，它通过自我投射所揭示的处境，好像并不是处境的等同物：它将允许它自我实现的处境当作优先的处境，当作无限的运动；也就是说，它想超越所有限制其权力的东西；然而，这个权力总是受到限制。因此，正像生活与愿意生活（vouloir-vivre）相混淆那样，自由总是显示为一种解放的运动。只有通过他人的自由将自己的生活延伸后，生命才能够超越死亡本身，才能自我实现为无限的单位；下面我们将看到，这样一种关系会带来什么样的问题。眼下我们只需树立这样一个观点，即"愿意自由"的说法具有积极和具体的意义。倘若人愿意拯救自己的生存，他惟一能做的事情，就是他的原始自发性应该提高到道德自由的高度，通过揭示一个特别的内容，把自己作为最终目标。

但是一个新的问题又会立刻出现。如果说人具有一种方式，一种惟一能拯救自身生存的方式，那么在任何情况下，他怎么能不选择这种方式呢？怎么可能有一种不良意志呢？这个问题在所有的道德中都会出现，因为恰恰是这种倒错意志的可能性给美德的思想赋予一种意义。我们知道苏格拉底、柏拉图和斯宾诺莎的答案:"谁都不想故意做恶人。"如果善良对人来说是一个多少有些陌生的超验性认识,人们就会设想,错误是可以用犯错来解释的。但如果人们接受这一观点,即道德的世界就是人们真正想要的世界,那么所有犯错的可能性也就自行消失。同样,在康德的道德中,很难理解有不良意志的存在,而康德的道德是所有自主性道德的起源。正因为主体对其性格的选择是在可理解的世界中进行的,并且由一种纯理性的意志来完成,因此,如果理性的意志明确地拒绝它给自己规定的法则,这就显得令人费解了。但这是因为康德主义将人定义为纯粹的积极性,它不承认人的其他可能性,而只注重人是否与自身符合。我们自己也通过这个面向自身的参与来定义道德性,这就是为什么我们说人不能以积极的态度在否定自由和承担自由之间作选择,因为他一旦作出选择,就必须承担这一切;他不能够积极地愿意处于不自由状态,因为这样一种意志将导致自行毁灭。问题在于,与康德的想法不同,人似乎本质上就不是一个积极的意志:相反,他首先就自我定义为一种否定性;人首先处在远离自身的地方,它只有在接受永远不与自身相聚时才能够与自身符合。在人自身内部有一种永久的否定游戏;而通过这种游戏,人可以逃避自身,逃避他的自由。而正是因为在这里可能出现不良意志,"愿意自由"的说法才有了某种意义。我们不仅确认了存在主义学说使得我们设想了一种道德,而且我们还觉得,它是道德能在其中占据一席之地的惟一哲学；因为在超验的、即古典意义上的玄学中，邪恶被归为犯错；而在人文主义哲学中，人们无法明白这一点，因为人被定义为充实世界中的充实之物。如众多的宗教那样，存在主义独自给邪恶以一种真正的分量；这也许就是存在主义被看作很黑暗的主义的原因：众人不愿意感觉到自己处于危险之中。然而，正是因为有真正的危险，有许多失败，有尘世真正的地狱之罪，所以胜利、智慧、欢乐的词汇才具有意义。没有任何东西是事先决定的，这是因为人拥有需要丢失的东西，只有拥有能够丢失的东西，才能拥有可以获得的东西。

在人的状况本身中，出现了一种不能实现这种状况的情况。为了实现这个状况，人类必须作为生灵承担起存在，作为"让自己的存在缺失，以便获得存在"的生灵；但不良意志的游戏可以让人在任何时刻停止这种承担：人们可以犹豫是否让自己的存在缺失，在存在面前退缩；或者以假象的形式显示为存在，或显示为虚无；人们也可以将自身的自由仅仅实现为绝对的独立性，或相反，绝望地拒绝将我们与存在分开的那个距离。任何犯错都是可能的，因为人就是一种否定性，其犯错的动因就是他在自由面前感到的焦虑。具体地说，人们以不协调的方式从一种态度滑向另一种态度。在这里，我们仅仅局限于用其抽象的形式去描述这些我们刚刚指出的态度。

二

笛卡儿说过，人的不幸首先来自他曾经是一名儿童。确实，大部分人所作的这些不幸的选择只能由这个理由来解释，即因为他们从童年起就逐步改变自己。儿童处境的特点，就是他被抛向一个他并没有致力于构建的世界，这个世界是在没有他参与的情况下制造出来的，对他来说，这个世界似乎是一个绝对物，他只有绝对服从的份儿。在他的眼里，词语、风俗、价值观等都是一些既成的事实，就像天空和树林一样不可抗拒；这就是说他所生活的世界是严肃的世界，因为严肃精神的根本含义就是把价值观当作完全现成的事情。这当然并不意味着儿童本身就很严肃，相反，他可以进行游戏，可以自由地花费他的生存。在他儿童的圈子里，他觉得他可以尽情追求，在快乐中达到他给自己设定的目标；但他是在从容不迫中完成这个经历的，这恰恰是因为向他的主观性开放的这个领域，在他自己的眼中显得无关紧要，这是儿童的领域，他很幸运在这个领域中不用负任何责任。真正的世界，那就是成人的世界，在成人的世界中，儿童只能遵守和服从；他天真地成为他人的海市蜃楼的牺牲者。他相信父母和老师的存在：把他们当作神灵来尊敬，而父母师长却无法成为神灵，他们只好满足于向神灵借取一件外衣，去哄骗儿童那天真的眼睛：奖赏、惩罚、奖品、赞誉或谩骂，都向儿童注入一种信念，即世上存在着善良、邪恶、自身的目标等，就像存在着太阳和月亮一样。在这个充满确定和充实之物的世界中，儿童会认为他自己也以确定和充实的方法存在着：他要么是个乖孩子，要么是个捣蛋鬼，而且乐在其中。倘若在儿童隐秘的深处有什么东西否认这个信念，他会将这个缺陷隐藏起来；他会自我安慰，把这种不坚定性归咎于年幼无知，把希望寄托于未来：将来他也会成为伟大而庄严的人物。而眼下，他扮演着存在的角色：圣人、英雄、流氓；他觉得自己和这些楷模没有两样，他所读过的书向他粗线条地描绘了这些楷模：探险者、强盗、慈悲修女等，其形象清晰。严肃的游戏在他童年的生活中具有重大的意义，以至于他自己确实会变得很严肃：我们知道这些作为成人缩影的儿童的情况。甚至在生存的快乐处于最强烈的时候，当儿童醉心于其中时，他会感到得到某种顶板的保护，以对抗生存的风险，这个顶板是一代代人在他头顶上建设起来的。正是在这个方面，儿童的状况（在其他方面还应该是个不幸的状况）在玄学方面是优先的状况。儿童在正常情况下会摆脱对自由的焦虑，他可以随心所欲地不听话、偷懒，他的任性和错误都只是他自己的事情，在大地上并没有什么分量。他的错误并不损害一个世界那恬静的秩序，因为这个世界在他之前就已经存在，在没有他时就已经存在，在这个世界中，他因为无足轻重而处于安全之中。他可以做他喜欢的一切事情而不受惩罚，他知道，永远也不会因为他而发生任何事情，一切都是既成的事实；他的行为不会介入任何东西，甚至他自己也不会介入进去。

有这样一些生灵，他们的整个生命就在儿童世界中流逝，因为他们被保持在一种受奴役和无知的状态中，他们没有掌握任何办法，去打破架在他们头顶上的顶板；他们可以像儿童那样去行使自己的自由，但只能在那个在他们之前和没有他们时就已形成的世界中行使这个自由。例如奴隶，当他们还没有意识到自身被奴役的状况时，情形就是这样。当时南方种植园主把黑人看作"大孩子"，这不是一点道理都没有，因为黑人顺从地忍受他们的家长式统治；情况是他们遵守白人世界的规矩，所以黑人的处境与儿童的处境完全一样。在许多文明中，这种处境也是女人的处境，她们只能忍受男人所创建的法律、神灵、习俗和真理。即使在今日的西方国家中，还有很多的女人，即那些还没有在工作中学习使用自由的女人，她们仍然处在男人阴影的庇护下；她们对丈夫或情人所认可的意见和价值观言听计从，这使得她们发展了一些儿童的素质，一些禁止成人拥有的素质，因为她们依托在一种不负责任的情感上。人们常说女子无才便是德，如果说女人的这种状态常常显得很有魅力，非常优雅，如果说女人的这种状态具有令人感慨的真实性，那是因为它像儿童的游戏那样，表现为生存的一种无动机和纯粹的爱好，它是严肃的缺失。不幸的是，在很多情况下，这种无忧无虑，这种欢乐，这些诱人的发明却导致了一种深层的与男人世界的同谋关系，而女人们又似乎只用亲切的态度去抗议这个男人世界。对这种情况感到惊讶那就大错特错了，一旦庇护她们的大厦似乎处于危险之中，这些敏感、天真而又轻率的女人，便表现得比她们的主人更为激烈、更为顽强，甚至更加疯狂或更加残忍。于是我们看到女人与真正的儿童之间存在的差别：对儿童来说，处境是强加的，而女人（我指的是今日的西方女人）则是选择了这种处境，或者说她至少认可了这种处境。无知和犯错是不争的事实，与监狱的墙壁一样不可抗拒。十八世纪的黑奴，被关在闺阁深处的穆斯林女人，他们没有任何工具反抗这种压迫他们的文明，就连在脑子里想一想，或对此感到惊讶或生气都不可能。他们的行为只能在这个既成现实中加以定义和评判。也可能有这种情况，即在女人的处境中，就像在所有受限制的人类处境中那样，她们认识到一种对自身自由的完全肯定。但是一旦某种解放显得有可能时，不去利用这种可能性就是对自由的一种放弃，这种放弃将导致恶意行为，成为一种积极的错误。

事实上，儿童世界很少能够保持到青少年。从童年时起，就开始出现一些裂痕；在惊奇、反抗和不遵守的行为中，儿童渐渐要问：为什么应该这样做？这样做对什么有用？而如果我不这样做，又会发生什么事呢？于是他发现了自己的主观性，也发现了他人的主观性。而当他到达青少年的年龄时，他的整个世界开始摇晃，因为他发现了许多使成年人互相对立的矛盾，使他们的迟疑和缺点暴露无遗。人在他的眼中不再以神灵的形象出现，同时，青少年会发现他四周现实的人性特点：语言、习俗、道德、价值观等都来自这些飘忽不定的造物；他自己将应召亲自参与人类的改造行动，这个时刻已经到来；他的行为就像其他人的行为一样，开始在大地上具有分量，他也必须做出选择和决定。我们知道，儿童非常艰难地经历自身历史的这个时刻，这无疑也是青少年危机的最深层的原因：个体应该最终承担他的主观性。从某个角度来说，严肃世界的倒塌倒是一种解脱。当儿童不负责任时，面对领导事物进程的黑暗力量，他感觉到没有自卫的能力。但是，不管获得解放的快乐有多么强烈，青少年还是感到一种强烈的不安，他感到自己被抛向了一个不再现成的世界，一个需要构建的世界。青少年被一个什么也抓不住的自由折磨着，他感到自己被人遗弃，感到自己的生存没有道理。面对这个全新的处境，青少年会做什么呢？正是在这一时刻，他将做出决定；如果个人的历史，即人们称之为自然的历史，如官能性、情感情结等，主要取决于他的童年,那么青少年时代将是他做出道德选择的时刻:于是自由显露了出来,在自由面前必须决定他的态度。毫无疑问,这个决定可以随时受到质疑,但实际上转换是非常困难的,因为世界向我们返回一个选择的映像,并通过这个选择所造就的世界对这个映像进行确认;这样就形成一个越来越严格的圈子,要摆脱这个圈子也变得越来越不可能。人所具有的不幸,即因为他曾经是个儿童而造成的不幸,就是他的自由起初是对他隐瞒着的,所以他终身保持着对这段时光的留恋,留恋那段不知自由及其要求为何物的时光。

这种不幸还有另外一面。道德的选择是自由的,因此也是不可预见的;儿童身上并不包含那个他将要成为的成年人;然而,人总是从他曾经是的那个人去决定他想要成为的那个人:在他自我造就的性格中,在作为其关联项的世界中,他从其道德态度中汲取动机。这个性格,这个世界,儿童渐渐构建了它们,却没有预见到它们的发展趋势;他还不知道这个自由的令人担忧的面孔,他木然地行使着这个自由,心安理得地沉迷于任性、欢笑、眼泪和愤怒,他觉得这些东西都没有明天,也没有危险,然而,这些东西都会在他周围留下不可磨灭的印记。最初选择的悲剧,就是它通过每时每刻的行动去实现整个生活,就是它无理由地去实现,以任何理由去实现,这是因为这个自由在那里仅仅以偶然性的形象出现;这个偶然性不禁让人回想起加尔文学说中上帝赐给人类的恩泽的任意性。这里也有一种宿命，这个宿命不是来自外部的暴政，而是来自主体自身的行动。问题是我们会这么想，即人求助于自身总是可能的事；相对于不能被拯救而言，不会有比这更为不幸的选择。

正是在这个自我证明的时刻——贯穿他整个成人生活的时刻，人的态度才处于道德的层面上；偶然的自发性不能以自由的名义来进行评判。然而，一名儿童就已经能够激起人的同情或反感。任何人都可以通过自我存在的缺失，将自身投入这个世界中；通过这个举动，他致力于为存在赋予人类的意义，并且揭示这个存在；一无所有者有时也能在这个活动中感受到生存的欢乐：他会将自身的生存表现为一种幸福，将世界作为欢乐的源泉。但是，要使自己存在缺失的方面多一些或少一些，深一些或浅一些，丰富一些或贫乏一些，那是各人自己的事。人们所说的活力、敏感性、聪明才智等并不是现成的素质，而是自我投入世界和揭示存在的一种方式。毫无疑问，每个人都是根据自己的生理能力投入世界的，但身体本身并不是一个原始的事实，它表达了我们与世界的关系，因此身体本身就是同情或厌恶的对象；另一方面，它并不决定任何的行为：只有通过自由的慷慨才能得到活力，聪明才智意味着一种积极的意志，反过来，一个人如果能使自己的语言和行为适应于他的能力，那他永远也不会愚蠢，而敏感无非就是对世界和自身非常关注的在场。这些自发性素质的价值来自这一点，即它们使各种意义和目的出现在世界中；它们发现了生存的道理，让我们在自负中得到确立,让我们在人的命运中得以立足。由于这些素质能在个体中存续下来,哪怕这个个体令人憎恨,他给自己生活的意义非常贫乏,这些素质也能激发起同情心:我听说,在纽伦堡审判中,戈林①浑身散发出某种活力,对他的审判官们产生了某种特有的诱惑。

如果我们试图在人与人之间建立一种等级,那就得把那些最缺乏这种活泼热情的人摆到级别的最底层:即福音书中所说的温水一样的人。生存,就是让自己的存在缺失,就是自我投入到世界中:那些全力控制这个原始运动的人,我们可以把他们看作下等人(sous-hommes);这些人虽然有眼睛和耳朵,但是他们从儿童时代开始,就让自己双眼无珠,双耳失聪,既无爱情,也无欲望。这种冷漠在生存面前,在它带来的风险和张力面前,显示出一种根本的恐惧;下等人拒绝这种"激情",即他的人的状况,他拒绝由撕心裂肺和失败构成的冲动,拒绝这个面向存在的冲动,而这个存在总是缺乏目的。这样,他实际上就是在拒绝生存本身。这一选择立刻会得到他自己的确认。同样,一位蹩脚的画家会为自己一气画出一批蹩脚的画作而沾沾自喜;而在一幅有价值的作品中,艺术家立刻会碰到更高价值的作品的要求。同样,下等人计划中原始的贫乏也省得

---

① Hermann Goering(1893—1946),德国元帅。曾经追随希特勒并加入纳粹党,二战后被纽伦堡国际军事法庭判处死刑,后在狱中服毒自杀。

他去为自己证明：他在自己周围只看到一个无意义的单调世界；这个一贫如洗的世界，它怎能在下等人身上激起一种感觉的欲望，激起理解和生活的欲望呢？他存在得越少，就越是感觉不到存在的道理，因为这些道理只有通过存在才能创造出来。

然而，他还是存在着。由于他在自我超越，他就指出了某些目的，划定了某些价值；但他又立刻抹掉了这些不确定的影子，他所有的行为趋向于放弃他的目标，他通过其计划的不协调性，通过其无序的随心所欲或他的漠不关心，将其超越的意义缩减到虚无的地步；他的行为永远都不会是积极的选择；而仅仅是一些逃避行为。他并不能阻止自己在世界中的在场；但他总是将这个在场保持在赤裸的人为性的层面上。

然而，如果允许一个人成为一个原始的事实，那么这个人会将自我混同于那些并不知道自己生存着的树木和石块；我们将以漠然的眼光看待这些隐晦和平静的生命。但是下等人激起了蔑视，也就是说，从我们责备他不想自我生存之时起，我们就认为他应该对自己不想作为的行为负责；而事实也是如此，任何人都不是一个被动忍受的既定物。拒绝生存也是一种生存方式，谁也不能在活着时经历坟墓的安谧。下等人的失败也就在于此。他想自我遗忘，自我忽视，在世界中缺席，在自我中缺席，但处在人们心目中的虚无，这也是人对自身的意识；下等人的否定性积极地显示为焦虑、欲望、召唤、心碎等，但这个面向积极性的真正的回归，下等人会回避它。正像他害怕参与一个计划那样，他害怕某种可支配性，在未来面前，在他的各种可能性之中，这种支配性可能让他陷入危险的处境；因此他只好躲避到严肃世界的现成的价值之中；他会表达一些意见，会躲藏在某个标签下；而为了隐藏他的无动于衷，他会乐意沉迷于一些语言暴力，或甚至沉迷于身体的狂热；昨天是君主制的拥护者，今天又成了无政府主义分子，他也会乐意当反犹太分子、反教会分子和反共和分子。这样说来，尽管我们将他定义为拒绝或逃避的人，下等人并不是一个非进攻性的生灵：他以一股盲目的、无法控制的力量在世界中实现，任何人都会截获这股力量。在群体施暴中，在沙皇对犹太人的屠杀中，在所有大规模的血腥运动中，在严肃和激情的狂热所组织的无风险的镇压中，人们就是在下等人中招募打手。因此，在由自由人建立的人类社会中，每一个想得到自由的人都会对下等人产生莫大的厌恶；道德，就是自由征服人为性的胜利。而下等人只能实现其生存的人为性；他不会去扩大人类的统治，他用自己惯性的抵抗去对抗其他人的计划。在这种生存揭示的世界中，任何计划都是没有意义的，人被确定为一种惊慌逃避的人；他周围的世界是不协调的，而且是赤裸的；永远不会发生什么事，没有任何东西值得人产生欲望或为之付出努力。在一个被剥夺了意义的世界中，下等人朝着死亡进发，这个死亡更是确认着他对自身的长期否定。在这个经历中，惟一能显示的就是某个生存的荒诞人为性，如果这个生存不善于自我证明，那它将永远不会得到证明。

正是在厌烦之中，下等人感受到了世界的荒漠；那个与他没有建立任何联系的天地，其怪异特征也在他身上引起某种恐惧。在被现时的事件压垮之后，他又因为前景的暗淡而迷失了方向。未来充满了可怕的幽灵：战争、疾病、革命、法西斯、布尔什维克主义等。这些危险由于扑朔迷离而更显得可怕；下等人不大知道他会丢失什么，因为他本来就一无所有，但这种不确定性本身又加强了他的恐惧感：实际上，他所害怕的就是不可预见的打击，这种打击会勾起他对自身的焦虑性意识。

因此，不管一个人在生存面前的恐惧感有多大，或是他从最年幼时就选择了拒绝他在世界中的在场，他也不能阻止自己生存着，他不能抹杀其自由的焦虑性事实。因此，正像我们刚刚看到的，为了能从自由中将自我摆脱出来，必须让下等人积极地介入生存。下等人的态度自然而然就会过渡到严肃人的态度中去：他会努力使自己的自由淹没在严肃的人从社会中所接受的内容中去，他会自我迷失在客体中，以便消灭自己的主观性。这种态度已经被许多人描述过，在这里就没有必要作更多的考察。黑格尔在《精神现象学》中用较大的篇幅对这种态度作了讽刺性的论述。他指出，严肃的人在被看作本质的客体面前，自我显示出非本质的人；他会放弃自我，把地位让给事物，这种事物受到人们的尊敬，以事业的面孔出现：科学、哲学、革命等。但是，这种诡计会遭到失败，因为事业并不能拯救作为具体的和分离的存在个体。继黑格尔之后，克尔恺郭尔、尼采嘲笑了严肃精神的笨重谎言。而《存在与虚无》也用大部分篇幅对严肃精神及其天地进行了描述。严肃的人通过使自由从属于一些无条件束缚的价值，将自身从自由中解脱出来；他想象，获得这些价值就会持久地给自己提升价值；他全身披着"权利"，以脱离了存在苦难的生灵的面貌自我实现。严肃性并不是以所追求的目标的本质来决定的；一位高雅的轻佻女人，完全可以像一位工程师那样具有严肃精神。一旦自由作了否认，以达到人们所声称的绝对目标，那么就会出现严肃性。

这一切都是众所周知的，我们只想提出几点看法。人们很容易理解为什么在所有非真实的态度中，只有这种态度是最普遍的：即任何人首先曾经是儿童；在神灵的眼光下生活许久后，他曾经把自身许诺给了神灵，所以他不太愿意接受将自己变成一个简单的人，并时时处于担忧和疑虑中。怎么办？信什么？通常是这位年轻人还没有像下等人那样首先拒绝生存，以至于这些问题并不存在，然而，他却害怕回答这些问题；在经历了或短或长的危机之后，他又回头走向父母或老师们的世界，或者他接受某些新的价值观，接受一些必须让他觉得很可靠的价值观。与其承担起一种情感，一种将他抛向危险前方的情感，他反而将这个情感压抑着。古典形式的了结方法：情感转移，升华，这是从情感性向严肃性的过渡，并处在恶意的保护神影子中。严肃的人最重要的东西,并不是他所喜欢的对象的本质,而是能够自我消失在对象中的事实。所以,面向客体的运动,事实上由于其任意性,而变成一种对主观性的最为绝对的肯定:为相信而相信,为愿意而愿意。这就是通过将超验与其目标分离,去实现他的自由,一种形式空洞又荒诞的自由,一种冷漠的自由。

严肃的人的恶意来自他被强迫的事实,他被迫不停地更新他对这个自由的否定;他选择生活在一个儿童的世界里;但是价值观是真正给了儿童的;严肃的人应该掩盖这个动作,掩盖给自己提供价值观的这个动作,正像一位女谎语癖者,她在阅读一封情书时,假装忘记了这封信是她写给自己的。我们已经指出,在严肃的天地中,某些成人可以真诚地生活:他们就是那些被拒绝了一切逃避工具的人,就是那些被奴役或者被欺骗的人。经济与社会状况越是不让个体对世界做出行动,这个世界对个体来说就越是显得像一个既定现实。这就是女人的情况,她们继承了一个长期的顺从的传统,这也是人们所谓的卑微者的情况;在她们的顺从中,常常有一种懒惰和羞怯,她们的诚意并不完全彻底。但只要这些人的自由存在着,这个自由就是可支配的,它不会自我否定;他们可以在自己无知与无能的个体处境中去认识生存的真理,将自身提升到真正道德的生活的高度。甚至会出现这种情况,即如此获得的自由,他们会将它反转过来去对抗他们所尊敬的对象本身。因此,在《玩偶之家》中，女主人公孩子般的天真引导她去反抗严肃的假象。与之相反，掌握着逃避这种假象的工具的人又不愿意使用这些工具，他通过消耗自由来拒绝自由；他会使自己严肃起来，将他的主观性隐藏在权利的铠甲下，而这些权利又来自他所承认的伦理世界。这时，他不再是一个男人，而是一个父亲，一位首脑，基督教会或共产党的一位成员。

如果有人否认自由的主观张力，显然他会禁止自己去要求自由，不在无限的运动中普遍地需要这个自由；由于他拒绝承认这一点，即他自由地构成了他所提出的目标的价值，严肃的人就使自己变成了这个目标的奴隶。他忘记了这一点，即任何目标同时也是一个起点，而人类的自由是最高的目标，也是人应该赋予自我的惟一目标。他给有用这个定语赋予一个绝对的意义，而实际上这个词却不再有任何意义，如果将定语单独分开，那么像高、低、左、右这些词也就没有了意义。这种定语仅仅指出一种关系，它需要一个补语：对这个或那个有用；这个补语本身应该受到质疑，在下文中我们将会看到这一点，届时将提出关于行动的整个问题。但是，严肃的人并不质疑任何问题；对军人来说，军队是有用的；对殖民管理者来说，道路是有用的；对严肃的革命者来说，革命是有用的：军队、道路、革命、生产变成了一些非人类的偶像，为此，人们不惜牺牲人类本身。从这一点看，严肃的人是很危险的；他成为暴君也就自然而然。他恶意地不承认选择的主观性，声称通过这种选择，客体的非条件束缚的价值就会显现出来。而且通过同一运动，他也否认了主观性和他人自由的价值，结果，在将这些价值献给事物之时，他深信他所奉献的东西并没有什么价值。殖民管理者将道路提升到偶像的高度，所以他会毫无顾忌地为保证道路的建设，而不惜牺牲大批土著的生命。再说，一个笨拙的土著，他既不会修路，效率又低下或懒惰成性，他的生命又能值几钱？严肃会导致一种狂热，它与激情的狂热一样可怕：这是那种专横的宗教裁判所的狂热，它会毫不犹豫地强加一个信条，也就是说通过外部制约强加一种内心活动；这是美洲警惕者（Vigilants d'Amérique）的狂热，他们以私刑处死的方法来保卫他们的道德规范；这是政治的狂热，它将政治的内容掏之一空，将国家强加于个人，其目的不是为了众多个体，而是为了压迫他们。

  这些行为中存在一种矛盾的、荒诞的和丑恶的东西，为了自我辩护，严肃的人会主动躲藏在一种对严肃的非议中，但他谴责的是他人的严肃，而非自己的严肃。因此，殖民管理者深知讽刺的游戏；他对土著的幸福、安逸，甚至生命的意义提出非议，却尊敬道路、经济和法兰西帝国，他也把自己当作神灵的奴仆而自我崇拜。几乎所有严肃的人都培养着一种可利用的轻浮；我们知道基督徒的尽情欢乐是什么，也知道法西斯分子的"幽默感"是什么。也有一些人，他们甚至感觉不到有使用这一武器的需求，他们通过逃避来掩盖其选择的不协调性。只要不涉及偶像问题，严肃的人就会滑向下等人的态度；他克制着生存，因为他不能够无保障地生存。普鲁斯特曾经惊讶地发现，一位著名的医生，一位知名的教授，在他们的专业之外，常常表现得缺乏敏感、智慧和人道：这是因为，当他们放弃了自己的自由，就只剩下纯粹的技术；在他们的技术不起作用的领域里，或者当他们认同最常见的价值观时，或者他们以逃避的形式自我实现时，情况就是这样。严肃的人固执地将他的超验淹没在客体中，而这个客体却阻挡着地平线，锁住了天空；剩下的世界成了一个无面孔的荒漠。这里我们再次看到，这样一种选择就这样自我肯定了；例如，如果说只有在军队形式下才有存在，那么军人怎么能想到需要其他东西呢？他只想多建军营，多进行军事行动。在被遗弃的地区不会出现任何召唤，在那里，人们不会有任何收获，因为那里本来就没有播种任何东西；资深的将军一旦离开参谋部，他就成了聋哑人。因此，一旦严肃的人远离了目标，他的生活就没有了任何意义；通常，他并不把希望寄托在同一张画卷上，但如果失败与衰老使他的所有证明都破产了，那么他就没有别的自救办法，而只能逃避，除非他进行一种总是可能的转变。一旦彻底破产，名誉扫地，这位重要人物就成了一位"有限的人"；他恰恰落得与下等人一样的处境，除非他通过自杀行为，最终结束其自由的受难状态。

严肃的人正是在恐惧中感受到客体的依赖。而在他看来，人的第一个美德就是谨慎。在摆脱了对自由的焦虑后,他又掉进了新的忧虑中,有了新的担忧;对他来说,一切都是威胁,因为表现为偶像的事物已经被外化,与整个世界相连,因此也受到整个世界的威胁;尽管百般小心谨慎,但因为他永远也不会是这个外部世界的主人,也不会顺从于这个世界,所以他将不断面临无法控制的事件的侵扰;他将不断地宣称自己很失望,因为他企图将世界固定为物品的意志恰好受到生活运动本身的抵制;未来将否定他今日的成功;他的孩子们将不听从他的吩咐,外来的意志与他的意志相对抗,他将深陷于恶劣与苦涩的情绪中。他的成绩中也带有一种死灰的味道;因为严肃是一种方式,它试图实现自在与自为之间那不可能的综合;严肃的人想自封为上帝,但他并不是上帝,他也知道这一点。他想把自己从主观性中解脱出来,但主观性却正冒着自我暴露的风险,不断地自我暴露。在超越所有目的的同时,人们不禁要思考:这有什么用?这样就出现了一种生活的荒诞性,这种生活在其外部寻找证明,寻找只有生活本身才能给出的证明;脱离了真正支持这些证明的自由,人们所追求的所有目标都将是任意的和无用的东西。

严肃的人的这种失败有时会导致一种彻底的颠倒。意识到自己不能成为什么人后,人就选择什么都不成为。这就是我们称之为虚无主义者的态度。虚无主义者与严肃的人非常接近,因为它并不以活跃的运动去实现其否定性,而以物质的方式设计自己的灭亡；它想成为什么都不是的人，而这个他所梦想的虚无也还是一种存在，但与黑格尔的存在完全相反，它是一种静止的既成事实。虚无主义是失望的和转向自身的严肃。这样一种选择在有些人身上是不存在的，因为他们通过无动机行为，将生存感受为一种快乐。这种选择的出现，要么是在青少年时期，当个体看到其儿童的天地崩塌时，他感到内心有一种缺失；或者稍迟一些，将自我实现为存在的所有企图都遭受失败的时候。总之，虚无主义会在那些希望解除忧虑的人身上出现。他们想通过否认世界和否认自我，来摆脱对自由的焦虑。通过这种拒绝，他们与下等人越走越近；区别在于他们的退缩不是原始的；他们首先将自己投射到世界中，有时还很慷慨激昂；他们生存着，他们知道这一点。

在失望中，人也有可能保持一种对严肃世界的眷恋；因此，萨特在研究该问题时，描述了波德莱尔。波德莱尔对其儿童时期的价值观怀有一种深深的憎恨，但这种憎恨中还包含着某种敬意；只有蔑视才能解救人。他需要他所拒绝的世界保持下去，以便憎恨它，践踏它；这是魔鬼缠身的人的态度。茹昂多[①]曾经描述过这种态度：人们固执地保持着儿童时的价值观，保持着一个社会或一种宗教的价值观，其目的是能够蔑视它们。魔鬼缠身的人与严肃的人还是比较接近的，他还相信严

---

① Marcel Jouhandeau（1888—1979），法国作家。

肃，甚至用自己的反抗来肯定它；他自我感觉为否定性与自由，但他并不以积极解放的形式去实现这个自由。

在拒绝中，人还可以走得更远，他并不努力去践踏世界，而是努力去消灭这个被拒绝的世界，消灭他自己和世界。例如有一个人，他将自己献身于一个已知失败的事业，他选择将世界和其中一个方面混淆起来，而这个方面正好包含着失败的胚芽，这样他就投身于一个被判决了的世界，他自己也和世界一道被判决。而另一个人则将他的时间和精力投入到一个事务中，但这并不是事先注定要失败的事务，而是他本人竭力要破坏的事务。还有另一个人一个又一个地否定他自己的每个计划，把计划随心所欲地打成碎片，通过这一方法，系统地取消他所瞄准的目标。用词汇否定词汇，用行为否定行为，用艺术否定艺术，这种顽固的否定通过达达主义的非协调性得以实现；通过实施一条混乱和无政府的指令，人获得了废除一切行为的结果，因此也废除了所有目标，废除了他自己。

但是，这种否定的意志又给自己一个永久性的反驳，因为，在这个意志得以施展的时刻，它已经表现为一种在场；它会引入一种恒定的张力，一种从反面对称的、更加令人痛苦的生存的张力；因为，如果说人不存在是真实的，那么他的生存还是真实的。而为了积极地实现他的否定性，他必须不断地对抗生存的运动。如果人们不屈服于自杀行为，就会很容易滑向一种比虚无主义的紧张拒绝更加稳定的态度。在各种可能的演变方面,超现实主义为我们提供了一个历史的和具体的例证。有一些信徒,如瓦谢①、克勒维尔②等,他们借助于自杀这种极端的解决办法;另一些人则通过毒品来毁灭他们的身体和精神;还有一些人成功地实现了一种道德性自杀;由于将周围的人驱赶一空,他们自己落入一个荒漠,沦落到下等人的层次;他们不是试图逃避,而是正在逃避。也有一些人,他们试图找回严肃带来的安全感;他们做出自我安排,任意地选择婚姻、政治、宗教等作为避难所。就连那些超现实主义者,那些想永远忠于自己信仰的人们,也没能避免走向积极性的回归,即回归到严肃。对美学的、精神的、道德的价值观的否定已经变成一种伦理;破除规章,就是建立规章。人们看到一个新教会的建立,有教义,有仪式,有信徒,有教士,甚至还有殉道者;今日的布勒东身上已经没有任何破坏因素:他就是一位教皇。任何绘画的刽子手都是画作本身,许多超现实主义者都重新变成了积极作品的作者:他们的反抗变成了一种材料,在这种材料的基础上构建了他们的职业生涯。最后,还有为数不多的人,他们在真正回归积极性的过程中,成功地实现了他们的自由;他们给自由提供了一个内容,并且不否定自由;他们方向明确,积极投身于政治运动,投身于知识或艺术的研究,投身

---

① Jacques Vaché(1895—1919),爱尔兰裔法国作家、画家和达达主义者,对超现实主义代表人物布勒东产生过巨大影响。
② René Crevel(1900—1935),法国超现实主义作家。

于家庭或社会的生活。

　　虚无主义者的态度，只有它在虚无主义者心中表现为一种积极性时，才能这样持续下去。由于虚无主义者拒绝自身的生存，所以他也应该拒绝证实自身生存的那些生存。如果他想让自己虚无，那就应该让整个人类彻底消灭；否则，通过他人揭示的那个世界的在场，虚无主义者也使自己在这个世界在场。但这种毁灭的渴望立刻会变成一个强权意志的形象；对虚无的热衷与对生灵的原始爱好互相结合，任何人都是通过这种爱好首先得到确定；他通过将自己变成那个能导致虚无来到世界的人，将自己实现为生灵。因此，纳粹主义是强权的意志，同时也是自杀的意志。从历史角度来看，纳粹主义中还有许多其他东西，尤其是黑色浪漫主义，它曾经激励劳施宁[1]写出了《虚无主义之革命》，其中也有一种阴沉的严肃；这是因为纳粹主义服务于小资产阶级的严肃。但有趣的是，我们看到这种意识形态并不排除两者之间的结盟；因为严肃常常会和某种部分的虚无主义联姻结盟，同时否定所有那些不构成其目的的东西，以便向自己隐藏行动的二律背反特性。

　　这种狂热虚无主义的一个纯粹例子，大家都知道，就是德里厄·拉罗谢勒[2]。《空箱子》是一位青年的见证，他突然感受

---

[1] Hermann Rauschnig (1887—1982)，德国学者。
[2] Pierre Drieu la Rochelle (1893—1945)，法国作家。二战中曾与占领者合作，战后他无法自我解释这种选择，因绝望而自杀。

到作为存在缺失的生存的事实,还有不生存的事实;这确实是一种真正的体验,从这种体验出发,惟一可能的拯救就是承担起存在的缺失,就是给存在着的人以理由,让他去反对那个并不存在的上帝。相反——像《吉尔》这部小说就是证明——德里厄在失望中难以自拔,由于痛恨自己,他选择了拒绝自己的人的状况,这就导致他仇恨所有的人,包括他自己。主人公吉尔没有任何满意的心情,当他向西班牙工人开枪时,看到鲜血流出,他觉得那酷似基督赎罪的鲜血,只有这时他才有一丝慰藉;似乎人的惟一拯救,就是他人的死亡,只有通过他人的死亡才能最终实现完美的否定。很自然,这条路通向了与纳粹合作,导致一个令人讨厌的世界的垮台。对德里厄来说,这个世界的垮台与自身的毁灭混为一体。外部的失败引导他给自己的生命做出结论,即他的生命辩证地召唤的行动:自杀。

虚无主义的态度表达了某种真理:人的状况的模糊性在其中得到验证。但其错误之处在于,它不是将人定义为一个缺失的积极生存,而是定义为生存中心的缺失,而实际上,作为原样的生存并不缺失。而如果说自由在这里以拒绝的形式经受考验,它就不能真正地实现。虚无主义者这么想是有道理的,即世界并不拥有任何的自我证明,而且虚无主义者本身也什么都不是;但他又忘记了这一点,即应该由他去证明世界,由他使自己有效地生存。与其将死亡纳入生命之中,他应该在死亡中看到生命的惟一真理,这个生命在他看来像是一个伪装的死亡；然而，生命是存在着的，虚无主义者也知道自己活着；他的失败也就来自其中：他拒绝生存，但又没能废除生存；他否认了其超验的任何意义，却又在自我超越。一个热爱自由的人，他可以在虚无主义者身上找到一个盟友，因为他们共同抗议严肃的世界；但热爱自由的人也在虚无主义者身上看到一位敌人，因为虚无主义者对世界和人类做出系统的拒绝；而如果这种拒绝以毁灭的积极意志作为终结，那么它就会建立一种暴政，这正是自由需要起来进行反抗的。

虚无主义者的根本错误在于，他在否定所有既定的价值体系时，在这些价值的废墟上并没有找到自由本身这个普遍和绝对目标的意义。也有可能在这种破产中，还有人会保持一种对生存的爱好，他起初把这种生存当作一种快乐；他虽然不指望得到任何的证明，却满意地生活着。他不回避那些他并不相信的事物，而是从中寻找借口，以便无动机地开展他的活动。这样一个人，人们通常称之为冒险家。他会热烈地投入到一些事业中：探险、征服、战争、投机、爱情、政治等，但他并不致力于瞄准的目标，而只致力于征服的过程。他喜欢为行动而行动，乐于通过世界来展现一个自由，展现这个对其内容漠不关心的自由。不管这种对冒险的爱好出现在虚无主义绝望的背景下，或直接来自儿童时代幸福游戏的经历，它总是会导致这样的结果，一方面，自由将以独立于严肃世界的形式而自我实现，另一方面，生存的模糊性将不作为一种缺失来感受，而是以其积极的形象来感受。辩证地看,这个态度包含了虚无主义对严肃的非议,也包含了现有生存对虚无主义的非议;当然,某个个体的具体历史并不一定出现这种辩证的情况,因为个人的生存状况每时每刻都完全存在于他周围,而在他面前的自由每时每刻又是总体的自由;从青少年时代起,一个人就可以自我确定为冒险家;一种原始的慷慨活力和一种反省的怀疑主义会合为一体,更能引导人去做出这种选择。

我们看到,这个选择与真正道德的态度非常接近。冒险家并不打算让自己存在;他随心所欲地让自己成为存在的缺失,他故意以生存为目标。在他进入他的事业之后,他同时又脱离事业的目的。不管成功还是失败,他又会投身于一个新的事业,而且不加区别地对新事业注入同样的热情。他并不想从事物那里期待他所作选择的证明。若在其主观的时刻考察一下这个行为,该行为是与道德的要求相适应的。如果说存在主义正像人们通常所说的那样,是一种唯我论,它应该将冒险家看作最为完美的英雄。

首先应该看到,冒险家的态度不会永远是单纯的。透过随心所欲的外表,许多人都在以完全的严肃态度去追求某个秘密的目标:例如财富,或者荣誉。他们宣称对现有被认可的价值观持怀疑态度;他们不把政治看作严肃的事;他们允许自己在一九四一年当理性的合作者,一九四五年又成为共产党人;确实,他们不在乎法兰西的利益,不在乎无产阶级的利益,但他们热衷于自己的职业生涯，致力于事业的成功。这种少廉鲜耻的野心家，其品质处于冒险精神的两个对立极点，因为在这里，对生存的爱好从来就不能在无动机性中感受到。也有可能，对冒险的真正喜爱不可避免地会与对严肃价值的钟情相互混合：科尔特斯①和那些征服者为上帝和皇帝效劳，同时也为自己的快乐效劳。冒险行动中也可以贯穿某种激情；征服的欲望常常与占有的欲望微妙地结合在一起。唐璜仅仅喜欢诱惑吗？他不也喜欢女人吗？或者说，他不是也在寻找一位能让他心满意足的女人吗？

然而，即使我们从纯粹的角度来考察冒险，它也只能在某个主观的时刻显得令人满意，而这个时刻实际上是一个抽象的时刻；处在探险之路上的冒险家总是会遇到别的人；征服者会遇到印第安人；雇佣兵队长必须为自己杀出一条血路，捣毁横跨道路上的一切障碍；探险者周围还有一批同伴，或者一批听他命令的士兵；在唐璜的面前，还有许多爱丽维②；任何事业都在人类世界中展开，并且跟众多人有关。冒险与一般游戏的区别就在于，冒险家并不局限于孤独地肯定自己的生存，他通过与其他的生存相比较而肯定自己的生存：他必须参与进去。

有两种可能的态度。冒险家可以意识到自身自由的真正要

---

① Hernan Cortès（1485—1547），西班牙冒险家。
② Elvire，《唐璜》中的人物，主人公追求的女性之一。

求；这个自由要求它具有一个开放的未来，通过他人的自由寻求自我的延伸；因此，在任何情况下，都必须尊重其他人的自由，帮助他们获得解放；这样一种法则将给行动强加一些限制，但也立即给行动赋予了内容；在被拒绝的严肃之外，人们重新找到了一种真正的庄严。然而，做如此行为的人，他以解放自身和他人为目标，努力在使用方法上尊重这个目标，以便实现这个目标，那他就不再与冒险家的名称相符。例如，人们不会想到将这个名称用到某个劳伦斯①的头上；因为劳伦斯非常珍惜同伴的鲜血，非常尊敬他人的生命和自由，他一直被行动带来的各种问题困扰着。这时，站在我们面前的是一位真正自由的人。

而人们所说的冒险家则相反，他对于自由，即其行动的人性意义漠不关心，他认为他可以在不关注他人生存的情况下肯定自身的生存；对雇佣兵队长来说，意大利的命运没有多大关系；对皮萨罗②来说，屠杀印第安人没有多大关系；对唐璜来说，爱丽维的眼泪又算得了什么。冒险家们对自己的目标毫不关心，对达到目标的手段更是满不在乎；他们只关注自己的快乐或荣誉。这就导致了冒险家蔑视人，冒险家与虚无主义者一

---

① 指 Thomas Edward Lawrence（1888—1935），史称阿拉伯的劳伦斯，英国军官与作家。他支持阿拉伯人民的民族独立，以普通士兵的身份加入阿拉伯空军，抗击殖民主义者的统治，后死于飞机失事。
② Francisco Pizarro（1475—1541），西班牙早期殖民者。

样蔑视人；而且正是通过这种蔑视，他指望能摆脱可蔑视的状况，而那些不模仿他的高傲态度的人则仍然停留在这种状况中。没有任何东西可以阻止他牺牲这些无足轻重的生灵，以满足他自己的强权意志。他把他们当作工具，如果他们成为他的障碍，那就毁灭他们。但这样一来他在别人的眼中就成了敌人；他的事业不仅仅是个人的冒险计划，更是一场战斗；他若不充当暴君或刽子手，就不能在这场战斗中取胜。而由于在强加这种暴政时，他不得不借助某种外力，所以他就被迫为政治制度服务，而这个制度又让他能够行使这种暴政。他需要金钱，需要武器，需要士兵，还需要宪兵和法律的支持。这不是一种巧合，而是一种辩证的需要，这种需要引导冒险家去讨好所有的政治制度，而政治制度又保卫着某个阶级或某个政党的特权，这种人尤其向极权制度和法西斯制度表示他的好感。他需要财富，需要休闲，需要享受，他把这些财物当作最高的目标，以便在任何目标前处于自由的地位；通过这一途径，他将真正的自由混同于完全外部的可支配性，于是便在独立的借口下，堕落到受物品奴役的处境。他会站到保护他特权的制度一边，他更喜欢那些能认可他、在他蔑视人的公共地域时能支持他的人；他会成为他们的同谋甚至奴才，将自由异化，而这个自由如果不再具有其真正的形象，那它实际上就不是应有的自由。由于要故意限制这个自由，由于掏空了自由所有具体的内容，他只能将自由实现为一种抽象的独立，一种转变为奴役的独立。他必须服从于一些主人，除非他将自己变成最高的主人。只需要条件适宜就可以让冒险家变为独裁者；他身上本就带有独裁者的胚芽，因为他把人类看作无关紧要的物质材料，用来承载他的生存的游戏。但是，那时他所经历的将是暴政的最高奴役。

黑格尔对暴君所作的批判可以用于对冒险家的批判，因为冒险家自己就是暴君，或至少是压迫者的同谋；没有任何人能够单独自我拯救。毫无疑问，在行动的过程中，冒险家能够经历一种自我满足的欢乐，而一旦事业完成，在他身后固定为事物时，为了让这个事物保持鲜活状态，就必须有一种人类的意图去重新激活它，在承认和欣赏中超越它，使它走向未来。迈向死亡时，冒险家放弃的将是他的整个生命，把它交付到众人的手中；其生命的意义也就是众人给予的意义；他知道这一点，因为他是这么说的，甚至经常在书本里这么说。不少人都希望这样，如果不能完成一项伟大的事业，那就给后人留下自己的形象；至少在他们活着的时候，还需要有一些信徒的赞许。在被遗忘被讨厌的情况下，冒险家便失去了自我存在的欲望；也许他并不知道，通过他人的对比，他的生存才能在他眼中显得更为珍贵；其生存需要一种肯定，需要一个具有整体人类形象的范例；这个生存如果重新返回自身，那就成了徒劳和没有证明的生存。

这样，冒险家草拟了一种道德的行为，因为他积极地承担着自己的主观性；但是如果他恶意地拒绝承认这种主观性必然要朝着他人超越，那他就把自己封闭在一种虚假的独立中，这种独立实际上就是受人奴役。对自由的人来说，冒险家仅仅是一位巧合的盟友，不能给他以信任，他很容易就会变成一个敌人。他的错误就在于，他相信人可以在没有他人的情况下，甚至在对抗他人的情况下，他还能给自己做点什么。

激情的人从某种角度说是冒险家的反衬。在激情的人身上，也显露出自由及其内容的综合；在冒险家身上，不能真正成功完成的就是内容；而在激情的人身上，倒是主体性不能得到确认。

激情的人的特点，就是他将客体作为一种绝对物，他不像严肃的人那样，把对象作为与自身脱离的事物，而是把客体当作主体性的揭示物。在严肃与激情之间有一些过渡；一个最初以严肃的名义所要求的目的，它可以变成激情的对象；反之，一种激情的眷恋也可以干涸，变为严肃的关系。然而真正的激情要求承担其介入的主体性；尤其是在性爱的激情中，人们不希望所爱之人被客观地欣赏；人们更希望把钟爱对象想象成陌生人，不熟悉的人；人们会想，如果他是惟一发现其价值的人，他就会更好地拥有这个对象。任何激情所表现的真实的地方也就在这里；主体性的时刻在这里得到明确的肯定，以其积极的形式，在通向某个客体的运动中得到肯定。只有在激情衰退到器官需求的层次时，它才停止自我选择；但只要它还活跃着,那就是主体性还在激活它:即便不是高傲,那也至少是得意和固执。激情是对主观性的承担,同时也是对存在的揭示;它使世界充满了令人渴望之物,充满了激动人心的意义。只是在另一种激情中,为了与慷慨的激情相区别,我们称之为狂躁的激情,在这种激情中,自由才找不到它真正的形象;激情的人会寻找拥有的方法,他想达到一种存在;我们常常描述他的失败,描述他为自己创立的地狱。他让某些异常的财富在这个世界上开花出壳,但他又使这个世界的人越来越少;除了他固执的计划外没有任何东西存在,因此也没有任何东西能够激励他改变他的选择。由于终身介入一个外部客体中,而这个客体又可以不停地离他而去,他便以悲剧的方式经历着自身的依附地位。即使客体不以最终的方式避开他,但也永远不会奉献给他。激情的人让自己的存在缺失,并不是为了获得存在,而是为了存在;他会保持一定距离,处于永不满足的状态。

因此,激情的人既能激起某种钦佩,也能引起某种恐惧。人们钦佩主体性的高傲,因为它既选择了自己的目标,又不屈服于任何外来的规则,人们钦佩由肯定力量所揭示的客体的宝贵光芒;而且人们还把造成主体性自我封闭的孤独当作敌人来看待;由于这种自由自我退避在世界的某个特殊地区里,而且也不寻求与其他的人进行交流,因此它就只能以分离的形式自我实现。与激情的人进行任何对话和联系都是不可能的;在那些希望自由能够融洽一致的人看来,激情的人像是一位外来客，一个障碍；他会进行一种隐晦的反抗，以对抗那个想成为无限自由的运动。激情的人不仅仅是静止的人为性，他也行走在暴政的道路上；他知道自己的意志只能来源于他自身，不过他也可以设想将这个意志强加于人；为此他可以容忍自己成为部分的虚无主义者；认为只有他的激情对象才是真实和充实的；剩下的一切都是无足轻重的；为什么不能背叛、杀戮、付诸于暴力呢？人们所破坏的从来也不是虚无之物；整个世界只能被当作手段与障碍的整体，通过这些手段与障碍可以达到一个人们将存在投入其中的事物。激情的人不想将他的自由奉献给众人，所以他也不承认他们是自由的人；他会毫不犹豫地将他们当作物品来看待。如果他的激情对象牵涉到世界的整体，这种暴政就成了狂热。在所有狂热性的运动中，总有一部分严肃的东西；某些人在仇恨、害怕和信仰的激情中创建的价值，另一些人会将其想象成或故意看成既成的现实；然而，没有任何一种严肃的狂热不具备激情的基础，因为对严肃世界活动的任何参与都是通过一些原动力和压抑情结进行的。这样，怪癖性激情就形成一种对选择这个激情的人的严厉惩罚。而对其他人来说，它是分割不同自由的分离形式之一；这种激情将导致斗争和压迫。一个在远离其他人的地方寻找存在的人，他就是在对抗他人的情况下寻找存在，同时也是在迷失自我的情况下寻找存在。

然而，某种转换可以在激情的中心萌发出来。这种与客体的距离,即对激情的人造成痛苦的距离,与其白白地放弃掉,不妨干脆接受它;因为这个距离是揭示客体的重要条件。个体将在折磨本身中,在他与存在分离的痛苦中,在自我存在的缺失中,获得他自身的欢乐。因此,在德·莱皮纳斯①小姐的书信中,有一种从痛苦走向承担这个痛苦的持久过渡;女恋人痛诉她的泪水,她的苦恼,但她又说她喜欢这种不幸;对她来说,这也是一种快乐的源泉;她希望通过分离,使他人显示为他人;她喜欢通过自由的痛苦,去激发这个她所选择的外来生存,她认为值得为这个生存做出任何牺牲。只有当他人作为局外人和被禁止的人时,以及作为自由的人时,这个他人才能显示为他人;真正热爱他,就要热爱他的相异性,热爱他借以逃避的那个自由。这种爱就变成了对任何拥有物的放弃,拒绝任何的含糊其辞;人们放弃存在,以便获得一个不是他的存在。此外,这样一种慷慨并不是对任意的客体都有利;人们不能在他的独立和分离中热爱上一个纯净的事物,因为事物并不拥有积极的独立性。如果一个人并不想拥有地球,而是更喜欢发现这个地球,更喜欢一幅画或一尊塑像而不是它们物质的在场,这就说明这些物品在他眼里像是一些向其他人开放的可能性。激情只有在有目标的存在中才能转换成真正的自由,只有通过这个存在——事物或是人——人们才能将其生存定向于其他人

---

① Julie de Lespinasse(1732—1776),巴黎贵妇,沙龙女主人。

的生存，而且避免自身的自由陷入自在的深度之中。

于是我们看到，任何生存，如果它仅仅局限于自身，它就不能有效地实现自我；它必然要求助于他人的生存。这样一种依赖性的念头会令人害怕；而分离，存在者的多样性更会引起令人担忧的问题。人们设想，那些意识到风险的人，那些觉得对世界的介入必然包含部分不可避免的失败的人，他们主张在世界之外实现自我。人们可以通过凝视与这个世界分离，对世界进行思考，甚至创造一个全新的世界；有一些人，他们不在时间的无限伸展中构建自己的生存，而是以永久面貌的形式肯定这个生存，将生存实现为一个绝对物；他们希望通过这种方法克服自身状况的模糊性。于是，许多知识分子竭力寻找自身的拯救，要么是在批评思想中，要么是在创造活动中。

我们已经看到，严肃性会自我否定，因为人们不可能把一切都当作严肃的事；它会滑向一种部分的虚无主义；而虚无主义也是不稳定的，它趋向于回到积极性上来。批判性思想主张对严肃的各个方面进行一次普遍的否定，但又不能陷入纯否定的焦虑中；批判性思想提出一种高级的，普遍的和永恒的价值，这个价值可能就是客观的真理；与此相关联，批评家以积极的方式，将自己定义为精神的独立体。在将否定价值的消极运动固定到积极现实中时，他也将任何精神主体所特有的否定性都固定到积极的在场中。于是，他以为自己已经摆脱了所有人世间的批评；他用不着在道路和土著之间作选择，用不着在美洲与俄罗斯、生产与自由之间作选择。他将以整体的真理的名义，来理解、统管和拒绝那些必然是部分的真理，即人类的任何介入活动所揭示的部分真理。但模糊性又处在这种态度的中心，因为独立的精神主体还是一个在世界中有其特别处境的人，而他定义为客观真理的东西，就是他自己选择的对象。他的批评会落到那些特别的人的世界中；他不仅仅是在描述，而且还采取了立场。如果他不能承担自己判断的主观性，他肯定会落入严肃的陷阱。他将不能成为他所主张的那个独立的人，而只能是某个事业的不体面的奴仆，因为他压根就没有选择与这个事业结盟。

艺术家和作家则以另一种方式，努力克服生存的困难；他们致力于将生存实现为绝对物。他们在努力中体现出的真实性，就是他们并不设想达到存在；这种做法使他们有别于工程师或怪癖者；他们竭力要固定的、使之永恒的东西，就是生存；词语、笔画，甚至大理石，都指示着不在场的客体。只有在艺术作品中，存在的缺失才能回归到积极性上来；时间停止了，形式清晰了，完整的意义出现了；在这个回归中，生存得到确定，它给自己提供了证明。这就是康德在把艺术定义为"一个无止境的目标"时所说的话。由于创造者以这种方式构成了一个绝对的客体，他便试图将自己看作绝对物；他对世界进行证明，而且他想，他不需要任何人对他进行证明。然而实际上，创造的努力作为一种通向能确定生存本身的运动,它是真实的;如果作品变成一种偶像,通过这个作品,艺术家以为达到了存在,他就会在自己的周围关闭严肃的世界,他就会陷入一种幻想,即黑格尔在描述"智慧的动物"种群时所揭示的幻想。

对人来说,没有任何方法能躲避这个世界;他应该在这个世界中——避开我们刚刚所说的那些暗礁——道德地自我实现。自由应该向它自己的现实投射,通过一个他自己建立价值的内容进行投射;一个目标只有通过回归自由才有其价值,因为是这个自由提出了这个目标,而且想通过该目标实现这个自由。但这种意志会导致一个结果,即自由不会淹没在任何目的中,也不会白白地消失而不瞄准某个目的;不应该让主体去努力存在,但主体必须希望有存在;愿意让自己自由而且愿意有存在,这是惟一也是同一个选择:即人选择让自己在世界中在场。人们既不能说自由的人要求自由是为了揭示存在,也不能说他要求揭示存在是为了自由。这里是同一个现实的两个方面。不管我们考察哪一个方面,都会涉及每个人与所有其他人的关系。

这种关系并不会立即向所有的人显示出来。一位年轻人想让自己自由,他就希望有存在;这种自发的慷慨会热切地将他投向这个世界,能与人们通常称之为利己主义的东西相联合。通常,年轻人只是通过别人的外表理解与他人的关系,而他人在他眼里又具有某种敌意。因为世上确实有一位敌人;在《内心经历》一书中，乔治·巴塔伊①强调指出，每个个体都想成为一切；在完全不同的人身上，尤其是在那些生存表现得极其辉煌的人身上，巴塔伊看到某种局限，某种对自身的判决。黑格尔说，"每个意识都在追逐他人的死亡"。确实，他人每时每刻都在偷取我的整个世界；第一个运动就是仇恨他人。但这种仇恨又是很天真的，欲望立即会自我否定；倘若我就是一切，那么在我身边就没有任何东西，世界将空无一物，将没有任何东西可以据为己有，而我自己将什么都不是。如果他出于善意，年轻人将立即明白，在偷取我的世界的同时，他人也在将世界归还与我，因为一个事物只能通过从我身上夺取它的运动才能给予我。希望有存在，也就是希望一些人生存，世界通过他们并为了他们才具有人类的意义；我们只能在他人所揭示的世界的背景下去揭示一个世界；每个计划只能通过和其他计划的相互影响才能得到确定；做让世界"有"存在的工作，就是通过存在与他人进行交流。

当我们说自由的实现不能不设定一个开放的未来时，这个真理将会以另一种形式出现；自由为自己设定的目标不应该被任何其他的反射所超越，但也只有其他人的自由才能延长这些目标，将它们推向我们生命的彼岸。在《皮洛士与齐纳斯》一书中，我试图证明这一点：任何人都需要别人的自由，从某种

---

① Georges Bataille（1897—1962），法国作家。

意义上说,一个人总是需要他人的自由,哪怕他是暴君;他缺少的是能够善意地承担这种意志所带来的后果。只有他人的自由能够阻止我们每个人自我固定到人为性的荒谬中去。如果我们相信基督教神话关于创世的说法,那么上帝自己在这一点上也同意存在主义的学说,因为,根据一位反法西斯神父的说法,"上帝对人类是如此尊敬,于是他创造了自由的人"。

由此我们可以看出,那些主张将存在主义等同于唯我论的人,他们在何等程度上就这个问题作出了误解或自我欺骗,正像尼采所说的,唯我论只能激发强权的意志。根据这种既普遍又错误的解释法,正因为个体自我了解,将自己选择为自身价值观的创造者,所以他就设法将这些价值观强加于人,结果产生了一种相反意志的冲突,一种关闭在孤独中的意志的冲突。但我们却看到了相反的情况,正因为像冒险精神、激情、高傲等情绪会导致这种暴政和这些冲突,所以存在主义道德便指责这些情绪;而且并不以抽象法则的名义来进行指责,因为如果任何投射真的都来自主体性,那么这个主观运动真的会自行提出对主观性的超越。人只能从其他人的生存中找到他自身生存的证明。诚然,他需要有这种证明,他无法逃脱这一点。人对道德的忧虑并非来自外部;他会在自己身上遇到这个令人焦虑的问题:有什么用处?或更准确些,人自身就是这个迫切的问题;他只能在自我逃逸中逃避这个问题,而一旦他生存,他就要应对这个问题。人们也许可以说,人讲究道德正是为了自己,这样一种态度是利己主义的态度。但是,世上不存在任何不受这种责备谴责的道德,而且这种责备也会立即不攻自破;因为我怎么会为与自己无关的东西而担忧呢?我与其他人有关系,而与他们有关系的是我;这里就有一条不可分解的真理:我与他人的关系和主体与客体的关系一样,都是不可解体的。

同时,我们还看到人们对存在主义的另一种责备不攻自破:说存在主义是一种空洞的学说,不能给它想介入的自由提供任何内容。愿意自由,也就是愿意让他人自由;这个意志并不是一个抽象程式,它向每个人指出了应该完成的具体行动。然而,其他人是分离的,甚至是互相对抗的,在与其他人的关系中,有诚意的人会看到许多具体的和棘手的问题。我们在下文中将要考察的就是道德性的这个积极方面。

三

（一）美学的态度

因此，任何人都得和其他人打交道；他所介入的世界是一个人类的世界，在这个世界中，每个物品都渗透着人类的意义；这是一个说话的世界，其中有请求，有呼唤；由此我们理解到，通过这个世界，每个个体都可以给他的自由赋予具体的内容。他应该揭示世界，以便进行对后续事件的揭示，并且通过同一个活动设法解放人类，并通过人的介入使这个世界具有意义。但是，这里我们将遇到一种反对意见，这在我们考察个体道德的抽象时刻时已经遇到过。如果任何人都是自由的，那他就不可能愿意自由。同样也可以说，他不会为其他人要求任何东西，因为他人在任何境况下都是自由的；人类总是在进行着对存在的揭示，在布痕瓦尔德，在太平洋的蓝色岛屿上是这样，在贫民窟，在王宫里也是这样；这世界上总是在发生着某样事情,在将生灵拉开距离的活动中,人们能否怀着分离的喜悦,将人看作神的不同化身呢?从哪里能找到我们行动的道理呢?任何解决办法都不比其他办法更好或更坏。

我们可以把这种态度称为美学,因为采取这种态度的人,他主张和外部世界仅仅保持一种分离的凝视关系,而不是其他什么关系;在时间之外,在远离人的地方,这个人将自己置于历史的对面,他不认为自己属于这个历史,他把自己看作一个纯粹的目光;这种无人称的视觉对所有处境都一视同仁,它在对处境差别的漠然中利用这些处境,它排除任何的偏爱。

于是,古物爱好者都会以从容的热情去看待雅典、罗马和拜占庭的兴盛与衰落;旅客则都以安静的好奇心去看待古罗马竞技场、锡拉库萨的奴隶庄园、罗马公共浴池、宫殿、神庙、牢房和教堂:这些都是曾经存在的东西,这就足以令他感到满足了。为什么不能以同样的兴趣来看待今天存在的东西呢?比如,这种欲望是许多意大利人都有的,但他们却被神奇而又令人失望的过去压得喘不过气来:就连现时在他们眼中也成了过去的将来。在他们的土地上,发生过连绵不断的战争、内讧、入侵、奴役等;这个苦难历史的每个时刻都被下一个时刻所否定;然而,在这个徒劳的动乱内部,却出现了大量的圆顶建筑、雕塑、浮雕、绘画、宫殿,它们历经岁月的磨难,却依然完好无损地保存了下来,使今天的人们惊叹不已。人们设想,一位佛罗伦萨的文人以怀疑的眼光看待那些捉摸不定的运动,这些运动时而点燃他的国家,时而烟消云散,犹如过去多少已经消失的世纪中那些偃旗息鼓的惊人事件:他认为,最重要的就是要理解这些转瞬即逝的事件,并通过这些事件去培养一种永不消失的美感。这种想法,许多法国人在一九四〇年及后来的年代里都试图借助于它。"让我们站在历史的角度看待问题,"得知德国人进驻巴黎后,人们都这么说;而在整个占领时期,有些知识分子就主张让自己站在"混战之上",以不偏不倚的态度看待那些与他们不相干的偶发事件。

但人们很快会发现,这样一种态度在丧失信心和沮丧的时候会立即表现出来:事实上,这是一种退却的态度,一种逃避现时真理的方式。相对于过去而言,这种折中主义是合情合理的;我们已经不再处在与雅典、斯巴达或亚历山大相同的处境,做出选择的想法本身就没有任何意义。但现时并不是一个强大的过去;它是要做出选择和行动的时刻,我们不能够通过一种投射而避免经历这个时刻;况且也不存在纯粹的凝视性投射,因为人们总是将自己投向某个事物,投向未来。把自己放到"外面",这还是一种经历不可避免的事件的方法,即人们还是在事件之中;在法国的知识分子中,那些以历史、诗歌或艺术的名义主张掌握时代戏剧的人,不管他们愿不愿意,都是这出戏剧的演员,他们或明或暗地进行着占领者的游戏。同样,忙于欣赏佛罗伦萨的大理石和青铜雕像的意大利审美家,他以自己的惯性行为,在自己国家的生活中扮演着政治角色。

人们不能通过肯定来证明一切存在的东西,不能说一切都可以作为凝视的对象,因为人从来都不凝视,他在做事。

对艺术家和作家来说,这个问题显得既尖锐又模糊;因为这不是以纯粹凝视的角度来看,而是以确定的投射角度来看,人们主张用这种投射来展示人类处境的漠然性;创造者向艺术品投射一个素材,他证明这个素材是这个作品的材料;任何一种素材都可以通过这种方法得救,大屠杀和化装舞会也一样。这种美学的证明有时过分明显,因而昭示了作者的意图;这位作家想告诉我们童工苦役在他心里引起的恐惧,他完成了一本绝妙的书,我们被它的叙述、风格、形象所迷惑,以至于忘记了苦役的恐惧,甚至还会格外欣赏它。那么人们是否会想,如果死亡、贫困和不公正能够被转换成我们的快乐的话,那么世上存在死亡、贫困和不公正也许不是什么坏事。

但这里同样不应该混淆现时与过去。对于过去来说,任何行动都无能为力了;从前曾经有过战争、瘟疫、丑闻、背叛等,我们没有任何方法阻止它们发生;即使没有我们,刽子手还是刽子手,受害者还是受害者;我们所能做的,就是阻止这种历史在存在的混沌夜晚中重演,就是要揭示历史的真相,将这段痛苦的历史纳入人类的遗产,把它提升到存在的尊严的地位,这是一种美学的存在,它本身承载着自己的目标;但首先这段历史必须完成:以丑闻、反抗、罪行、牺牲等形式得以完成,而我们之所以试图拯救这个历史,那是因为它首先奉献了一个形象。今天的时光,在它被确定为生存之前,也应该是生存着的,而且它以介入和立场鲜明的形式生存着。如果我们一开始就把世界看作一个需要展示的客体,如果我们以为能借助某种目的使世界得救,以至于一切都向我们显示它已经得到证明,而且不应该再拒绝任何东西,那么我们也就没有任何话可说了,因为不会有任何形式呈现出来;世界只有通过拒绝、欲望、仇恨、爱情等才能揭示。艺术家若想得到一个需要表达的世界,他必须首先处于这个世界之中,是被压迫者或压迫者,服从者或反抗者,众人和众人中的一个人。只有这样,他才能在自我生存的中心找到所有人都共有的要求,他必须在自己身上和普遍的人身上愿意自由;他应该尝试夺取这个自由:在这个计划的照耀下,人们的处境将自行分级,行动的道理将自我凸显。

(二)自由与解放

人们反对存在主义的主要理由之一,就是"愿意自由"这个格言不过是一个空洞的表述,它没有提出任何具体的行动内容。这是因为人们一开始就将自由这个词的具体意义掏之一空;我们已经看到,自由只有在介入世界时才能实现:结果是对人来说,他走向自由的计划只有在确定的行为中才能得到体现。

愿意自由，愿意揭示存在，这是惟一和同一的选择；通过这个选择，自由的积极性和建设性步骤才得以确定，这个自由将在不断被超越的运动中使存在过渡到生存。科学、技术、艺术和哲学便是生存对存在的不确定的征服；只有通过承担这些征服行动，才能使它们恢复真实的面目；只有在这种承担的照耀下，进步这个词才能找到它真实的意义。问题不在于接近某个固定的词语：如绝对的知识，或人的幸福，或美的完善；那样的话，任何人类的努力将注定失败，因为人每前进一步，地平线就会后退一步；重要的是人要继续推进他对生存的扩展，并把这个努力当作绝对物予以回收。

如果科学对严肃带来的眩晕做出让步，如果它企图达到存在、包含存在或拥有存在，那么科学注定要失败；但只要科学把自己当作一种自由介入已知物的思想，在每一次发现不以与事物融合为目标，而是以新发现的可能性为目标，科学就能够找到它的真理；而精神主体所投射的东西，就是其自由的具体实现。人们有时主张在技术中寻找一种科学的客观证明；但通常的情况是，数学家关注的是数学，物理学家关心的是物理，而不是这些科学的应用。况且，技术本身也没有得到客观的证明；如果技术将它所能实现的时间和劳动经济作为目的，将它所能达到的舒适和奢侈作为目的，那么技术就会显得毫无用处，荒诞不经：因为人们所能节约的时间并不能储存在仓库里。想要节省生存是矛盾的做法，因为生存恰恰只能在消费中才能存在。我们完全可以证明，飞机、机器、电话、无线电话等并不能使今天的人们比过去的人们更加幸福。事实上，问题不在于给人们以时间和幸福，也不在于停止生活的运动：问题在于要实现生活。如果技术宣称要填补存在所具有的缺失，它就会彻底失败；而如果人们认为通过它，生存非但不能指望建立在存在的安全之上，而是将自己抛向自己的前面，以便将自己抛向更远的地方，认为生存的目的就是要通过将事物转变为工具，通过向人们打开永远崭新的可能性，从而无限地揭示存在，那么技术就能摆脱任何指责了。至于艺术，我们已经说过，它不应该主张建立偶像：它应该向人们揭示生存，将生存当作生存的理由；这就是柏拉图的想法，他企图将人们从凡尘俗世中解救出来，把他们送上思想的天国，所以他才谴责诗人们；然而人道主义则相反，它会从反面给诗人们戴上桂冠。艺术将过渡物揭示为绝对物；而因为过渡的生存贯穿很多个世纪，那么在这些世纪的历程中，艺术也应该坚持这个永远也不会完成的揭示。因此，人类的建设性活动，只有当它作为通向自由的运动而被人们承担起来时，才具有价值和意义；反过来人们也可以看到，这样一个运动是很具体的：如发现、发明、工业、文化、绘画、书籍等，它们很具体地布满了整个世界，向人们开放着多种具体的可能性。

我们也许可以梦想一个未来，到那时，人们的自由的用途，就是对自由本身的自由扩展：所有的人都可以有一种建设性活动，每个人都可以通过他的计划，积极地构建他的未来。但今天的事实是，有些人只能通过一种消极的活动来证明他们的生活。我们已经看到：任何人都在超越自己。但可能出现的情况是，这种超越毫无结果地陷入自身的困境，因为人们将它与它的目的割裂开来。正是在这里形成了一种压迫的处境。这样一种处境从来都不是自然的：人并不会受到事物的压迫；因此，除非是一位敲打石块的天真儿童，或是一位命令鞭打大海的迷途王子，人是不会起来反对事物的：他只能和其他人进行对抗。事物的阻力支持着人类的行动，就像空气的阻力支撑着白鸽的飞翔一样；通过将自身投射到阻力之中，人接受了阻力，把它作为一种障碍，人承担起失败的风险，因为在失败中，他看不到对自由的否定。探险者知道，在到达目的地之前，他可能会被迫后退，学者知道某个事件可能永远弄不明白，技术人员知道他的试验可能会流产；这种退却，这些错误也还是揭示世界的一种方式。诚然，物质障碍会残忍地阻碍一项事业：水灾、地震、蝗灾、流行病、瘟疫等都是天灾；但这就印证了斯多葛主义的真理：人应该承担起这些灾难，因为他永远也不能为任何事物拒绝责任，任何事物的毁灭对他来说永远也不会是彻底的破产；甚至他的死亡也不是一件坏事，因为只有当他是会死的人时，他才是一个人：他应该承担死亡，把死亡当作生命的自然终点，当作任何生活步骤所带来的风险。只有人才是人的敌人，只有人才能窃取人的行为的意义、生活的意义，因为也只有人才可以确认人们处于生存中，实实在在地把人看作自由。也正是在这里，斯多葛主义关于"不取决于我们的东西"和"取决于我们的"东西之间的区别显得有些不足：因为"我们"人数众多而不是一个人；每个人都依赖他人，而通过他人在我身上引发的东西，其意义也取决于我；人们经受战争和占领，并不像经受一场地震那样；人们必须采取拥护或反对的立场。通过这种选择，外来的意志便成了同盟的意志或敌对的意志。正是这种相互依赖解释了压迫是可能的，而且是可恶的。我们看到，我的自由要得到实现，就要求走向一个开放的未来：其他人为我打开未来的大门，正是他们组成了明天的世界，确定着我的未来；但是，如果他们不能让我参与这场建设性的运动，而让我白白消耗我的超验，如果他们让我处在他们所争取的这个水平之下，而他们则在这个水平之上开始新的征服，那么他们就割断了我的未来之路，他们把我变成了事物。生活同时致力于永久延续和自我超越；如果生活只进行自我保持，即生活就是不让自己死去，那么人类的生存就无异于荒诞的植物生长；一种真正的生活，只有在其永久延续的努力融入到超越中时才能得到证明，而且这个超越没有别的界限，只有主体对自身指定的界限。压迫将世界分成两个流派：一些人通过将人类抛向它的前方而建设人类，另一些人则注定要在原地踏步，没有任何希望，其目的仅仅是保持一种集体性；他们的生活是一些机械行为的纯粹重复，他们的休闲仅仅是恢复他们的体力；压迫者从他们的超验中获取养分，拒绝用自由的认可来延续他们的超验。被压迫者只剩下一种解决办法：那就是否认这个人类的协调性，主张排斥这个人类，就是要证明只有起来反抗暴君，被压迫者才是人，才能自由。为了预防这种反抗，压迫的诡计之一就是自我掩盖在自然的处境之中：因为人们确实不会起来反抗自然。当一位保守者想展示无产阶级没有被压迫时，他会说现在对财富的分配是一种自然的事实，没有办法拒绝这种分配；毫无疑问，他会理直气壮地证明，而且严格地说，人们并没有窃取工人劳动的成果，因为窃取这个词意味着存在一种社会公约，而这种公约允许这类剥削；革命者通过这个词所指出的意思，就是现有的体制是一种人类的事实。作为这样一种事实，人们必须拒绝它。这种拒绝会割断压迫者通向未来的意志，即他想独自投射的未来；另一个未来将替代它，这就是革命的未来。斗争不是一些词语或是一些思想，它是真实的，具体的：如果是后者的未来取得胜利，而不是前者胜利，那么被压迫者将实现积极的和开放的自由，压迫者将变成一个障碍，一个事物。

因此，有两种超越既成现实的方式：它与继续旅行或逃出监狱有着天壤之别。在两种情况下，既成现实就出现在超越之中；但一种情况下，它是以被接受的身份出现，而另一种情况下，它以被拒绝的身份出现，这就形成了根本的区别。黑格尔在使用"aufheben"①这个模棱两可的词汇时，就混淆了这两个运动；正是在这个模糊性上，建立了某种乐观主义的大厦，这种乐观主义否定失败与死亡。这里让我们把世界的未来看作一个持续与和谐的发展；这种混淆既是原因也是后果，它是对累赘的而又唯心的软弱无能的一种完美总结，马克思曾就此事责备过黑格尔，对于这种软弱，马克思提出用现实主义的强硬性去对抗它。反抗不会融入到世界的和谐发展中去，它不愿意融入其中，而是要在这个世界的心脏爆发，打破世界的连续性。如果说马克思不以积极的语气，而以消极的语气来定义无产阶级的态度，这并非偶然：他没有把无产阶级表现为自我确定的阶级，也没有把它表现为正在努力实现无阶级社会的阶级；而首先是把它表现为一个试图自我消除的阶级。这恰恰是因为她只有消极的出路，所以这种处境必须被消除。

消除这种处境和所有人都有关系，马克思自己也说过，压迫者和被压迫者都在其中：因为每一方都需要众人都是自由的。有的情况下，奴隶并不知道他身受奴役，必须从外部给他带来解放的种子：他的顺从不足以为强加在他身上的暴政开脱。当人们成功地欺骗了奴隶后，奴隶就顺从了，他不觉得他的处境是强加给他的，而是自然直接给予的，是上帝

---

① 德语，提升或扬弃。两个意思正好相反。

赐予的，是强权规定的，进行反抗将没有任何意义。因此，并不是通过放弃自由就可以接受他的状况，因为他甚至不能够幻想另一个状况：他的无知将他封闭在这个世界内部，他可以凭着诸如与同伴们的关系，作为道德的人和自由的人生活着。保守者便从中得出结论，认为人不应该打破这种平静：不应该给百姓通报情况，也不应该给被奴役的土著人提供舒适条件；应该堵住"煽动者"的嘴巴；这是莫拉斯①的一个古老故事所表达的意思：不应该叫醒沉睡者，因为这将使他们在苏醒后走向痛苦。诚然，这里所说的并不是以解放的借口，不顾人们的意志，把人们抛向一个全新的世界、一个他们没有选择的世界，而且对于这个世界他们没有任何控制能力。卡罗来纳州的黑奴制拥护者很有道理地向那些胜利者指出，那些年老的黑奴在自由面前晕头转向，不知道这自由有什么用，哭着喊着要回到他们从前的奴隶主身边；这种虚假的解放——在某些情况下这甚至是不可避免的——困扰着那些曾经是牺牲品的人，像是盲目命运对他们的新打击。那么需要做的，就是向无知的奴隶提供用反抗来超越其处境的方法，就是要消除奴隶的无知；我们知道，十九世纪社会主义者的问题正是要在无产阶级身上发展一种阶级意识；例如，我们在某个弗洛拉·特里斯坦②的一生中看到，这

---

① Charles Maurras（1868—1952），法国作家和政治家，法兰西学院院士。
② Flora Tristan（1803—1844），法国女政治家，画家高更的外祖母，法国女权主义的最早倡导者。

样一种任务是多么的徒劳无益：她为劳动者所考虑的利益，首先必须在没有劳动者的情况下给他们做出考虑。但是，保守者不禁要问，你们有什么权力为他人考虑呢？保守者不过是把劳动者或土著当作"一个大孩子"，并毫不犹豫地支配一个孩子的意志。实际上，没有比以外人的身份来干涉一个并不属于我们自己的命运更为任意的做法了：这甚至是一种（公民意义上的）慈悲的丑恶行径，他从外部施舍这种慈悲，任凭分配者随心所欲，而且分配者和他的对象是分裂的。只是，自由的事业并不是他人的事业，也不是自己的事业：它是人类普遍的事业。如果我想要奴隶意识到自己被奴役的处境，我同时就要不让自己成为暴君——因为任何回避就等于同谋，而同谋在这里就是暴政——同时让各种新的可能性向被解放的奴隶开放，而且通过奴隶向所有的人开放。想要生存，想要揭示世界，想要成为自由的人，这是惟一的意志。

此外，如果压迫者声称，是被压迫者主动要求压迫，那他就是撒谎；被压迫者只是放弃了不想要压迫的意愿，因为他甚至不知道有拒绝的可能性。外部行动所能提供的所有东西，就是将被压迫者摆到他的自由面前：他可以积极地决定，自由地决定。事实是他决定反抗压迫，直到此时奴隶解放的运动才真正开始。因为如果说自由是每个人的事业，事实上，解放的迫切性对每个人来说并不一样；马克思说得很有道理：只有对被压迫者来说，解放才显得迫切。至于我们，我们并不相信事实的必要性，而是相信一种道德的诉求；被压迫者只能在反抗中实现他作为人的自由，因为他所反抗的处境的特性恰恰就是要禁止他有任何积极的发展；只有在社会和政治斗争中，他才能无限地自我超越。诚然，无产者并非天生比其他人更加道德；他也会逃避自由，消除自由，无欲望地得过且过，忠诚于一种非人道的神话；而那种"开明的"资本主义的诡计，就是让他忘记对于能否证明自己的担忧；工厂中的机械性劳动已经将无产者的超验吸收一空，并在下班后，向他们推荐各种消遣方式，使得超验完全消失：这就是美国老板采取的政策，他们用体育活动、"小玩意儿"、汽车和冰箱做成的陷阱，将工人牢牢控制住。不过，相对于更优越的阶级的成员来说，这种资本家在总体上少了一些背叛的企图，因为热情的满足，冒险的欲望，社会严肃性的满足对他来说都是禁止的。而尤其要指出的是，在他们与反抗压迫的斗争进行合作的同时，资产阶级、知识分子等人也可以积极地使用他们的自由：他们的未来没有被阻拦。这就是蓬热①做"后革命"的文学时所指出的东西；在革命尚未成功之前，可以允许作家，以及学者、技术工作者去实现世界的重建，这个世界，在自由还没有在任何地方被人控制时，它应该是所有人的作品。不管是否希望超前未来，不管

---

① Francis Ponge（1899—1988），法国作家与诗人。

人们是否需要放弃对自由的积极使用，因为所有人的解放尚未完成，或是相反，不管任何人类的成就是否会服务于人类的事业，正是在这一点上，革命的政策本身有些犹豫不决。就在苏联内部，建设未来和现实斗争之间的关系，在不同时期和不同的境况下，其决定方式似乎也大相径庭。也正在这一点上，每个个体都可以自由地发明自己的解决方案。但完全可以确定的是，被压迫者是全身心地参与到斗争中，他比那些拒绝奴役处境的人，比那些不能忍受斗争的人更加投入；但另一方面，任何人都和这场斗争有关，与斗争紧密地结合着，因此如果不能参加斗争的话，人们就不可能在道德方面完善自身。

这个问题在实践中变得更加复杂，因为在今天，压迫具有更多的面孔：北非的阿拉伯农民同时受到酋长和法国或英国行政部门的压迫；那么应该和其中的哪个敌人进行战斗呢？法国无产阶级的利益与殖民地土著的利益并不一样：要为哪一个利益服务呢？但这个问题首先是政治问题，然后才是道德问题：必须达到一切压迫都被消除的地步；每个人都应该进行斗争，并与其他人联合起来，把自己的斗争融入到总体意图之中；那么应该依照什么顺序呢？采取什么样的战术呢？这事关机遇和效率。这也取决于每个人的特别处境。有可能需要临时牺牲某个事业，即这个事业的成功必须服从于另一个更加迫切需要保卫的事业；也可能正好相反，人们觉得有必要保持反抗一种处境的张力,因为这个处境是人们万万不能接受的;因此,处于战争中的美洲曾经要求黑人领袖们为了总体利益放弃他们自己的要求,而理查德·赖特①则不同意,他认为,即使在战争期间,他的事业也应该得到捍卫。无论如何,道德所要求的,就是战士不应该被自己所定的目标蒙住眼睛,以至于落入对严肃或激情的狂热中;他所服务的事业不应该封闭在自己身上,从而制造一个新的分离因素:通过他自己的斗争,他应该努力为自由的普遍事业服务。

压迫者会立即提出反对意见:他会说,在争取自由的借口下,你们倒过来又在压迫我们了;你们剥夺了我的自由。这正是当时南方奴隶制支持者反对奴隶制废除者的论据,众所周知,美国佬特别钟情于一种抽象民主的原则,所以他们不认可自己拒绝自由的权利,即拒绝南方种植主拥有黑奴的自由:正是在这种冠冕堂皇的借口下爆发了南北战争。这样一种顾忌令人发笑;而时至今日,美国还多少躲躲闪闪地承认南方各州白人对黑人有虐待的自由。而同样的诡辩也以天真的方式出现在自由共和党(PRL)的报纸上,在所有保守派的机关报上也或多或少以微妙的方式出现。当一个政党向领导阶级承诺维护他们的自由时,这就完全意味着它会为该阶级要求剥削劳动阶级的自由。这种要求中令人发指的并不是以某个抽象公正的名义行

---

① Richard Wright (1908—1960),非裔美国作家。

事：而是其中恶意地暗藏着一种矛盾。因为一个真正的自由，它必须通过他人的自由将自己当作一个无限的运动；而一旦自由返回到自己身上，它就会自我否定，让位于它自己喜欢的某个对象：人们也知道自由共和党所要求的自由是什么：它就是所有制、享受，就是资本、舒适和道德安全。我们遵守自由，只是因为自由以自由为目的，而不是因为它迷失，逃避，自我推卸责任。一种致力于否定自由的自由，它自己就应该被否定。说承认他人的自由会限制我自己的自由，这是不真实的：说人有自由，并不是说可以做任何的事情；自由就是能够超越既成现实，向着一个开放的未来前进；他人的生存作为一种自由，会确定我的处境，它甚至是我获取自身自由的条件。说别人压迫我，那是他将我投入监狱；而不是别人阻止我将我的邻居投进监狱。

因此，压迫者本人也非常清楚这个诡计：他也不敢轻易使用；与其赤裸裸地要求压迫的自由，他更乐意以保护某些价值观的面目出现。他不是以自己的名义在斗争，而是以文明、体制、古迹、美德的名义而斗争，这些事物客观地反映了他所要捍卫的处境；他声明这些东西本身都是美和善的；他要保护一个具有存在那冷峻尊严的过去，去对抗某个不确定的未来，况且未来的价值观尚未获取；这就是"保护者"这个标签充分表达的意思。比如，有些人是某个博物馆的保护者，或某个奖章室的保护者，另一些人则是既成世界的保护者；他们指出一切变化必然会带来的牺牲,然后选择支持曾经存在过的东西,去反对那些尚不存在的东西。

事情确实如此,超越过去并走向未来总是要求做出一些牺牲;认为通过砸碎一个老街区、在废墟之上建设新的房屋就能辩证地保存这个街区,这仅仅是一个文字游戏;任何辩证法都不能使马赛老港重焕生机;作为未被超越的过去,在它那活生生的在场中,过去绝对会晕厥。固执的乐观主义所能主张的,就是在这种特有的和固定的形式下,过去与我们无关,牺牲过去,我们不会牺牲任何东西。因此,许多革命者认为,拒绝对过去的任何依恋,公开主张蔑视古迹和传统是健康的举动。"我们在这里干什么?我们在浪费时间,"一位左翼记者在庞贝古城的一条街上跺着脚说。这种态度清楚地对自己作了肯定;让我们转身背向过去,那么过去在现时和将来中就不剩下任何痕迹;中世纪的人们完全忘记了古代,以至于他们中间没有人希望了解古代。没有希腊语,没有拉丁语,没有教堂,没有历史,人们照样可以生活。是的。然而还有其他许多东西,没有它们,人们同样可以生活;人类并不趋向于缩减自己,相反是在扩大自己的权力。遗弃过去,让过去掉进人为性的黑夜中,这是一种使世界荒凉的方式;我将以怀疑的眼光去看待对过去人类的努力无动于衷的人道主义;如果我们的前辈所做的对存在的揭示与我们毫不相干,那我们为什么对现在所进行的揭示却有如此的兴趣,为什么要如此强烈地期望将来的成功？肯定人类的统治，就是承认过去人类的作用，也就是承认未来人类的作用。文艺复兴时期的人文主义者就是一个范例，即根植于过去能够给解放运动带来救助之法；毫无疑问，在任何时代，人们都没有如此热衷地研究过希腊语和拉丁语；但拥有过去这个事实，无论如何都属于人类状况的范畴；如果我们身后的世界是不毛之地，那我们前面所能看到的只有沉闷的荒漠。我们应该努力为自己的利益，通过我们灵活的计划，去掌握这个曾经参与过去的自由，并把这个自由融入到现实世界中。

但另一方面，我们也知道，过去与我们有关，并不是作为原始的既成事实，而是作为拥有一种人类意义的过去；如果这个意义只能被一个拒绝过去遗产的计划所认可，那么这个遗产也应该被拒绝：保持一种对抗人类的既成事实，而这个事实的价值就在于人类的自由能在其中表达，这本身将是一件非常荒谬的事。有一个国家，那里的人们对过去的崇拜比其他任何地方都要强烈，而且已经系统化：这就是今日的葡萄牙；其代价是对人类的坚决藐视。在所有矗立着废墟的山坡上萨拉查①耗费巨资重建了一大批富丽堂皇的城堡，在奥比都斯②，他毫不犹豫地挪用产科医院的经费去重修古城，致使产科医院被迫关

---

① Antonio de Oliveira Salazar（1889—1970），葡萄牙独裁者，前总理，统治葡萄牙超过三十年。

② Obidos，葡萄牙古城，位于里斯本以北九十公里处。

门；而在科英布拉①市郊，本来应该建造一所儿童福利院，他却花费巨资，重建了一批不同类型的缩小了比例的葡萄牙老式别墅，在这个魔鬼般的小村庄里刚刚能居住四个孩子。在所有地方，人们鼓励跳舞唱歌，举行地方庆典，穿戴古老的地区服式；但从来没有开办过一所学校。从这里我们可以发现极端形式下选择的荒诞性，它宁愿要东西而不要人，而实际上东西只有从人那里才能获取其价值。莺歌燕舞，传统服饰让人兴奋不已，是因为在过去农民生活的艰难条件中，这些发明代表了他们惟一能够自由实现的成就；通过这些创造，他们能多少摆脱一些奴役性劳动，能够超越他们的处境，能够在牲口面前自我认定为人类；在这种庆典还自发地存在的地方，在庆典还保留着这种特性的地方，庆典就有其意义和价值。但如果是为了无动于衷的游客而重现的仪式，那么这些庆典就成了令人讨厌的资料片，甚至是一种令人作呕的欺骗。想通过强制手段来控制事物，这本身就是一种诡辩，因为事物的所有价值都来自人类的行为，而人类则想通过事物逃脱所有的约束。因此，所有那些将社会进步与怀旧情结对立起来的人，他们完全知道自己的行为是恶意的：如珍惜老花边，喜欢地毯、农民头饰、美丽的别墅、民族服装等，这对于他们现有的现实来说并不是举足轻重

---

① Coïmbra，葡萄牙小城，位于里斯本和波尔图之间，有该国最古老的科英布拉大学（一二七〇年）。

的事物，在很多情况下，他们的生活就证明了这一点。诚然，他们把那些不能认识到阿朗松①针织花边无限价值的人当作笨蛋来看待；然而，说到底他们也知道，这些物品本身并没那么珍贵，可贵的倒是因为它们显示了它们所代表的文明：正如花边那样，人们吹捧着绣工的耐心和顺从，颂扬着从不离针的勤劳的双手。因此，如果我们拒绝耐心和顺从，那就是拒绝花边。而我们也知道，纳粹曾经用人皮做过许多漂亮的精装书和灯罩。

这样，压迫无论如何都不能以它所捍卫的内容的名义来自圆其说，因为它恶意地将内容竖立为偶像；这个内容与建立它的主体紧密相连，它要求获得自身的超越。如果人们固执地保持过去事物那死板和僵化的形式，那么他就不会喜欢过去事物那鲜活的真相。过去是一种面向未来的召唤，而未来有时只能通过毁灭过去才能拯救过去。应该说这种毁灭就是一种牺牲，否认这一点就是欺骗：既然人希望要有存在，他就不能够毫无遗憾地放弃任何形式的存在。但一种真正的道德并不教导人们去拒绝牺牲，也不否认牺牲；而应该承担牺牲。

压迫者并不仅仅想以保守者的身份自我证明。他常常更喜欢企求将来的成就，以未来的名义说话。资本主义自我推荐为对生产最为有利的制度；殖民者也是惟一能够开发财富的人，

---

① Alençon，法国西部城镇，位于巴黎以西约一百公里处。

而土著只能让财富永远荒芜。压迫正是企图通过自己的用途为自己辩护。但我们也看到，声称能给"有用"这个词以绝对的意义，这正是严肃的人的谎言之一；如果某样东西对人没有用，那它就没有任何用处，如果人不能够自行决定他自己的目标与价值，如果他不自由，那对他来说什么都没有用。毫无疑问，一种压迫制度可以成就一些服务于人的建设；但这些建设只有等到人能够自由地使用的那一天才能服务于人；只要压迫者的统治还在延续着，任何压迫的益处都不会是真正的益处。不管是在过去还是在未来，我们不能只重视事物而忽视人，只有人才能构成所有事物的理性。

最终，压迫者更可能会表明，尊重自由永远也不会是一帆风顺的事，也许他还会强调说，人们永远也不能同时尊重所有的自由。但是这仅仅意味着人应该接受斗争的张力，他的解放应该寻求积极地持续下去，而不是谋求一种不可能的平衡状态和休息状态；这并不意味着人应该偏爱奴隶制的睡眠，而放弃那不断征服的斗争。不管在人身上会出现什么样的问题，不管他所要承担的失败有多惨，不管他需要应对的困难有多大，他都应该不惜任何代价去拒绝压迫。

（三）行动的二律背反

我们已经看到，如果压迫者意识到其自由受到约束，那他就应该自己去揭露压迫。但压迫者是居心叵测的人；他以严肃或者其激情的名义，以其强权意识或其欲壑的名义，拒绝放弃他的特权。为使解放的行动成为完全道德的行动，它必须通过压迫者的一种思想转变才能实现：于是所有自由会互相和解。然而在今日，谁都不敢完全相信这些乌托邦的幻想。我们也十分清楚，不能指望集体的思想转变。然而，正是由于压迫者拒绝与肯定自由的努力合作，所以在善意的人们眼中，他们就体现了人为性的荒诞；道德在要求自由战胜人为性的胜利时，也要求人们消灭压迫者；因为顾名思义，压迫者的主体性脱离我们的控制，只有在他们的客体存在上才能有所作为：在这里，必须把他人当作一个物体，对它施行暴力，用这种方法来确认人类分裂的痛苦事实。这一下，轮到压迫者变成被压迫者了；而对他们施行暴力的人也就成为主人、暴君、刽子手：在他们的反抗中，被压迫者蜕变成一种盲目的力量，一种粗暴的命定安排；在他们中间出现了一种丑恶行为，将世界一分为二。而且毫无疑问，在这些后果面前没有任何退路，因为压迫者的邪恶意志使每个人都处于交替中，即他如果不是暴君的敌人，那就是被压迫者的敌人。显而易见，必须选择牺牲那个人类的敌人；但事实是人们为了争取所有人的自由，就得被迫把某一些人当作事物来看待。

一种致力于拒绝自由的自由，它本身就是一种丑恶行径，以至于人们施行的反对自由的暴力丑行几乎全部被取消：仇恨、愤怒、生气(尽管其理论学说非常理智公正,就连马克思主义者也在培养这方面的修养)抹去了所有的顾忌。不过,压迫者如果在被压迫者中没有同谋,他就不会那么强大;欺骗是压迫的形式之一;无知是一种处境,在这种处境中,人会像在监狱里那样被严密地封闭着;我们已经说过,任何个体都可以在他的天地里行使他的自由:但不是所有的人都有办法拒绝别人强加的价值观、禁忌和指令,哪怕是稍加怀疑也不可能。毫无疑问,令人尊敬的意识为自己的利益重新捡起它们尊敬的客体;在这个意义上,这些意识是负责任的,正像它们对自己在世界中的在场负责一样;但是,如果它们的参与不是对自身自由的一种放弃,这并不是一种罪过。当一位十六岁的纳粹青年临死前呼喊:"希特勒万岁!"他并没有罪过,人们仇恨的并不是他,而是他的主子们。人们所希望的是重新教育这一代被蒙蔽的青年;应该揭露欺骗,引导那些深受其害的人直面他们的自由。但是,斗争的紧迫性不允许这个缓慢的工作。在消灭压迫者的同时,人们不得不消灭所有那些服务于压迫者的人,不论他们是出于无知,还是出于无奈。

我们也已经看到:世界的形势非常复杂,人们不可能同时在各处为所有人而斗争。为了取得一个眼前的胜利,人们至少应该暂时放弃为某些有意义的事业服务,有时也许还要和这些有意义的事业作斗争。因此,在第二次世界大战中,没有一个反纳粹政党会希望大英帝国中的土著起义成功;相反,这些起义倒是由纳粹制度支持着；然而，人们并不责备那些利用形势而争取自我解放的人，因为这些人认为自己的解放是最为紧迫的行动。也有一种可能的情况，有时还会常常发生，就是人们被迫进行压迫，被迫杀戮那些为某些目的而斗争的人，而屠杀者自己也不得不承认，那些人的目的是合情合理的。

这还不是暴力最糟糕的丑行。暴力不仅仅迫使我们去牺牲那些阻碍我们实现心愿的人，而且还要牺牲那些和我们一起战斗的人，甚至我们自己。既然我们只能通过作用于敌人的人为性，通过把敌人变为事物来战胜他们，那么我们应该把自己也变成事物；在这场斗争中，我们的意志将被迫进行躯体的冲突，我们同盟者的躯体也像我们对手的躯体一样，将经受同样的粗暴遭遇：它们将受伤，被杀死，受饥饿的煎熬。任何战争，任何革命都要求革命者做出一代人的牺牲，做出一个集体的牺牲。甚至在流血危机的时期之外，暴力的持久性也会在民族之间、阶级之间、种族之间形成一种潜在的战争状态，个体的牺牲一直以持久的方式进行着。

这样，人们就处在这样一种悖论面前，即任何一个行动在为人类谋利益的同时，又立刻变成对抗人类的行动。这个显而易见的真理是人们普遍承认的，但又让人苦不堪言，因此，一种行动理论要关注的第一件事，通常是要掩盖从事的事业所包含的失败部分。压迫的政党则回避问题：他们否认所牺牲的东西的价值，使得他们觉得什么也没有牺牲。他们心怀恶意，从严肃过渡到虚无主义,他们同时提出其目的的无条件价值和人的微不足道,把人当作工具来使用。不管受害者的数量有多大,这个数目总是可以测算的;而每一个受害者都是一个一个地被抓住,永远以个体的形式受害。但是,通过时间和空间,事业的胜利最终会到达无限,涉及整个集体。为了否认丑闻,人们只需以这个集体的价值去否认个体的意义:集体是一切,个人仅仅是零。

从某种意义上说,个体其实是微不足道的。人们完全可以理解那位愤世者在一九三九年所说的话:"说到底,将人一个一个地分别看待时,与他们进行战斗并不显得有多么令人遗憾。"当一个人的在场被缩减为纯粹的人为性时,当他被固定在其内在性中时,当他与其未来割裂时,当他失去了超验和这个超验所揭示的世界时,那他就只能像是其他物体中的一个物体,完全可以从其他物体的集合中减去,而他的缺席则不会在这个地球上留下任何痕迹。即使将这个可怜的生存复制千万份,它还是一文不值;数学科学也告诉我们,零乘以任何的有限数也还是零。甚至在这种徒劳的数量扩大中,每个分子的悲惨状况只会更加突出。在布痕瓦尔德和达豪①的尸体堆的照片面前,在堆满尸骨的土坑照片面前,恐惧有时会自我毁灭,它

---

① Dachau,位于德国慕尼黑西北的一个城市。一九三三年,纳粹在此地建立了集中营,先后关押过二十多万人,其中三万多人惨遭杀害。

会以无动于衷的面貌出现；这种腐烂的尸肉，这种动物的尸肉，似乎它本质上注定就是要腐烂的，以至于人们甚至都不会为它完成自己的命运而感到遗憾；正因为一个人活着，所以他的死亡才成为轰动事件，而一具尸体则像树木或石头一样笨拙和安静：那些见过这种场景的人会说，在尸体上行走是很容易的事，而在尸体堆里行走则更加容易；出于同样的道理，那些劫后余生的流放者在描述那冷酷无情的场面时也是这么说的：透过疾病、痛苦、饥饿、死亡等，他们在同伴身上和自己身上所看到的仅仅是一群牲口，没有任何东西可以证明其生命和欲望的合法性，甚至连他们的反抗也不过是些动物般的惊跳。必须有政治信仰的支持，必须有一种知识分子的自负和基督教的慈悲心，才能在这些受踩躏的躯体中发现人的成分。这就是为什么纳粹党热切而系统地将那些它要毁灭的人打入卑贱的处境；受害者对他们自身所产生的厌恶使反抗的声音窒息，刽子手在受害者自己眼里得以合法化。所有压迫制度通过贬低被压迫者而得到强化。我在阿尔及利亚看到过几个殖民者，他们通过对贫困潦倒的阿拉伯人的蔑视来平息自己良心的不安：阿拉伯人越是悲惨，就越发显得令人蔑视，以至于从来没有内疚的余地。确实，南方的某些部落被饥饿和疾病折腾得一贫如洗，所以他们在自己面前再也感觉不到有反抗和希望的需要，人们更希望这些可怜的人死去，把他们缩减为最基本的动物，甚至连母性的本能都被消除。然而，在这种卑鄙的屈从中，却有一些孩子在嬉耍，在微笑；而他们的微笑揭露着压迫者的谎言：这微笑是召唤，也是希望，它在儿童前面计划着一个未来；这是人的未来。如果说在所有被压迫的国家中，一位儿童的笑脸是那么动人，这并不是儿童的笑脸有多么动人，或儿童比其他人更有权利享受幸福；而是因为这笑脸生动地肯定了人类的超验，它是一个窥视的目光，一只伸向世界的贪婪之手，它是希望，是计划。暴君的诡计，就是将人关闭在人为的内在性中，假装忘记了人总是一个比自身更丰富的存在，用海德格尔的话来说，"若是将人缩减到他现时的存在，那他将成为比他将来的存在更为丰富的存在"；人是远处的存在，是面向未来的运动，是计划。暴君自己把自己认定为超验，他把其他人看作纯粹的内在物：他就这样窃取了权力，把其他人当作牲口。人们可以看出他用怎样的诡辩来构建自己的行为：在模糊的状况中，即所有人的模糊状况中，他只为自己抓取了超验的一个侧面，即能够自我辩护的侧面；但对其他人来说，只剩下内在中偶然和非证明的侧面。

但是，这样一种对人的蔑视，虽说很方便，它也非常危险；卑贱的感觉能够将人囿于无希望的屈从之中，而不能激励他们去斗争，去为他们的生活作应有的牺牲；这也正是我们在罗马帝国衰败时所看到的情况。在那个时期，人们既失去了对生活的兴趣，也失去了冒生命危险的兴趣。所以，暴君自己也不公开进行普遍的蔑视：他只蔑视犹太人、土著，把他们关在自我的内在之中；而对他的臣民，他的士兵，则使用另一种语言。因为他非常清楚，如果个体是一个纯粹的零，那么集体这个所有零的总和也是零；这样一来，任何事业，任何失败，任何胜利都没有了意义。为了唤起军队的忠诚，一位首领，一个专制的政党，将使用一个真理，一个允许他进行粗暴压迫的反面真理：因为个体的价值只能在自我超越中得到确立。这是黑格尔的学说中独裁制度很乐意使用的方面之一。也正是在这一点上，法西斯主义意识形态和马克思主义意识形态有交叉之处。一种主张人类解放的学说显然不会建立在蔑视个体的基础上；但他除了要求个体服从集体之外，却提不出其他任何拯救办法。有限除了过渡到无限，它什么都不是；一个个体的死亡如果融入到一个计划中，而这个计划又超越生命的极限，那么这种死亡就不是一种失败；因为这个生命的物质是个体以外的东西，它处在阶级中；如果人们要求个体同意做出牺牲，那么个体就这样自我舍弃了，而舍弃自身的士兵将快乐地死去；实际上，希特勒的年轻追随者们也正是这样舍生忘死的。人们也知道，建设性的讲话在很大程度上启发了这种哲学：先要失去，才能得到，只有死去才能完成一生，只有接受奴役才能实现自由；所有人类的引路人都是这么宣扬的。而如果有极少数人拒绝听信这种语言，那他们就毫无道理，他们就是懦夫：如果是懦夫，那他们就一文不值，不值得别人为他们操心。有价值的人自觉自愿地快乐死去；而拒绝死亡的人就只配去死。问题就这样美妙地解决了。

但是，人们不禁要问，这种方便的解决办法是否自相矛盾。在黑格尔看来，个体仅仅是绝对精神的历史的一个抽象时刻。这可以通过系统的第一直觉来说明，这个系统通过甄别真实的和理性的东西，从而挖空人类世界的感知深度；如果这里和现在的真理仅仅是普遍的空间和时间，如果自身事业的真理是它向另一个真理过渡，那么这时对生命的个体物质的眷恋显然就是一种错误，一种不合时宜的态度。黑格尔道德的主要时刻，就是一个人对另一个人的意识进行认可的时刻；在这一操作中，他人将被认可为自我的等同体，这就意味着在我自己身上，只有我的自我这个普遍真理是惟一被人认可的；这就是被他人否定的特别性，而这种特别性只能在自然和偶然的层面上才有可能重新出现。道德的拯救只能处在我走向他人的超越中，而这个他人和我处于同样的境地，他也在向着另一个他人自我超越。黑格尔自己也承认，如果这个过渡无限地继续下去，总体性将永远不会实现，真实性也相应地消失：人们无穷无尽地牺牲下一代，这难道不是很荒唐么？那么人类历史就只能是一个永无止境的否定组画，永远也不会回到积极的层面上来；任何行动都将是毁灭的行动，生活就是徒劳的逃避。必须承认，对真实可能会有一种回收利用，而且在绝对精神内部，所有牺牲都将找到它们的积极形象。但这还是有一定困难的。精神就是主体；那谁又是主体呢？在笛卡儿之后，谁又能无视这一点，即主体性意味着彻底的分离呢？而如果人们冒着自相矛盾的危险接受这一点，即主体将是将来和解了的人们，那就应该承认，今日的人们，那些成为真实的物质，而不是主体的人们，他们将永远被排斥在这种和解之外。此外，黑格尔甚至还在这个静止的未来的想法面前倒退了一步；因为精神就是担忧，斗争与和解的辩证法是永远不会停止不前的：黑格尔设想的未来并不是康德的永久和平，而是一个战争的不确定状态。他声明，这场战争不再显示为一种时日的疾病，即在这种日子里，每个人都得将自己奉献给国家；但在这里进行的恰恰就是玩弄一个把戏：既然国家不会是真实得以实现的目标，既然总体性会自我回收，个人为什么要同意这种奉献呢？整个系统显得像是一场广泛的欺骗运动，因为系统将所有的时刻都服从于一个终点，一个它不敢看见其到来的终点；个体会自我放弃；但个体可以为之放弃自我的任何现实却永远不能得到肯定，也不能回收利用。通过这个渊博的辩证法，人们又会回到我们正在揭穿的诡计上：如果个体什么都不是，那社会也不会是什么东西。倘若人们剥去它的物质，国家也就没有了物质；如果国家没有任何东西需要牺牲，在它面前也就不会有任何东西，也不用为这个没有的东西牺牲自我。黑格尔的完美立即就会过渡到不在场的虚无中。而这个失败的强度将使真理爆裂开来：只有主体能够证明自己的生存；任何外来的主体，任何客体都不能从外部给他带来拯救。人们不能把他当作什么都不是，因为对万物的意识就在他的身上。

这样，虚无主义者的悲观主义和理性主义者的乐观主义在掩盖牺牲的苦涩真相时，所作的努力都招致失败：因为他们也取消了所有想要真相的理由。一位年轻女患者在哭泣，因为她必须放弃她的房屋，她的事务，她的整个过去，有人对她说："把病治好吧。其他东西都无关紧要。"她回答说："如果其他东西真的无关紧要，那我治好病还有什么意义呢？"她说得有道理。为了让这个世界有一点价值，为了让我们的事业有一个意义，值得去为之牺牲，那我们就得肯定这个世界那具体而特别的深度，肯定我们的计划和我们自己特别的现实。这就是民主社会所理解的道理；民主社会努力在个人价值的感情中确认公民的身份；整个庆典机器，如洗礼、婚庆、葬礼等，都是集体向个人发出的致礼；司法的仪式尽量表现社会对每个成员的尊重，把每个人当作特别的个体来看待。有时看到一些事会令人吃惊，甚至让人恼火，如在一场暴力之后，或是在暴力之中，当人被当作物体对待之后，人类生活在某些情况下会重新找回一种神圣的特征。为什么法庭那么犹豫不决，为什么案件审理如此缓慢，而人则像牲口一样，还在成千上万地死去，而冷酷的杀死他们的人，就是这些正在被审判的人。这是因为在刚刚度过危机后，不管是否愿意，民主制度本身也不得不靠盲目的暴力来解决问题，它想把个人恢复到权力秩序中；它比以往任何时候都感到，要让它的成员恢复尊严感，一个一个地恢复每个人的尊严感；必须让士兵重新变成公民，以使城邦原封不动地保存下去，继续值得人们对它表示忠诚。

但是，如果个人被作为一种特别而又不可缩减的价值，牺牲这个词就获得了它整个的意义；人在放弃他的计划、他的未来、他的生命的同时，所失去的东西不再显示为一种可以忽略的东西。即使他决定要为他的生命作证明，他就应该同意限制生命的过程，即使他接受死去，那么在这种接受的内心就有一种撕心裂肺；因为自由既要求把它自己作为一个绝对物回收利用，同时还要无限地延长它的运动：只有通过这个无限的运动，自由才有希望回到自己的位置上，才能自我确定；不过，死亡中断了自由的猛进；英雄能够超越他的死亡，走向未来的成就，但在这个未来中，英雄将不再在场；如果我们要恢复英雄主义的真正价值，这就是我们需要理解的道理：英雄可以克服他的遗憾，完成他的牺牲；不过牺牲还是一种绝对的放弃。有些人的死亡是人们同意的，这也像是一个特别而又不可缩减的不幸，而有一些特别的关系将我们与这些人联系在一起。人的某种集体主义观念并不能给爱情、温柔、友谊等情感带来有效的存在；众多个人的抽象身份仅仅允许在他们之中存在一种兄弟情谊，通过这种情谊，每个人与其他个人同化；在齐步前进中，在合唱的回旋曲中，在共同的工作中，在共同的斗争中，所有其他人都显得一模一样；永远也不会死一个人。相反，如果个人能够辨认出他们相互的差别，他们就会在他们之间缔结特别的关系，而他们中的每个人对其他人来说，都变成了不可替代的人。暴力不是仅仅在这个世界中引起同意的牺牲所造成的痛苦；暴力也是在反抗和拒绝中被人们经历的。即使是希望胜利的人，他知道要为此付出代价，他会苦涩地自问：为什么要流我的血，而不是流另一个人的血？为什么偏偏是我的儿子死去？我们曾经看到，任何斗争都会迫使我们牺牲一些人，而我们的胜利却与他们毫无关系；还有一些人善意地拒绝斗争，把它当作一场大灾难：他们会在惊讶、愤怒和绝望中死去。暴力被当作一种人们经历的不幸，而对施行暴力的人来说，暴力也是一种罪行。圣茹斯特[1]更相信个人，他知道任何权威都是暴力，于是他冷静而又阴郁地说："任何人都不可能无辜地进行统治。"

人们设想，在那些治理国家的人当中，不是每个人都有勇气如此坦诚；此外，坦白心迹的声音过高对他们来说也还是比较危险的。他们尽量设法掩盖罪行；至少设法让罪行躲过那些忍受其法律约束的人的目光。如果他们不能将罪行完全抹去，他们就会为罪行辩解。最为绝对的辩解就是表明这是必要的：罪行不再是罪行，它成了命定天数。即使一个目标提出来时是必需的，手段的偶然性也会使首脑的决定充满任意性，每种特

---

[1] Saint-Just（1745—1794），法国政治家，法国大革命重要领袖之一，在一七九四年的热月政变中与罗伯斯庇尔一起被杀害。

别的痛苦都显得像是老天不公:为什么要进行流血的革命,而不进行温和的改良?谁又胆敢指定一位受害者?而全体人的意图又要求受害者保持匿名。相反,如果只有一条路是可能的,如果历史的进程是上苍注定的,那么就没有选择的焦虑,没有遗憾,也没有丑闻,它们没有任何位置;没有任何反抗会从某个心底出现。正是这一点使得历史唯物主义成为一种非常牢靠的学说;由此,人们消除了主体任意性或客体偶然性所具有的难堪思想。领导人的思想和声音只是反映历史的命定要求。但为了使这个信仰有生气或有效果,任何反映都不应该作为首脑们主观性的中介,不应该使他们的主观性这样显示出来;如果首脑认为他并不是简单地反映了既成事实,而且还对它进行了解释,那么他就处于焦虑的包围之中:我是谁呀,非要相信我自己?如果士兵的眼睛睁开,他也会问:那个统领我的人是谁呀?他没有看到先知,看到的无非是个暴君。这就是为什么所有独裁政党都把思想看成洪水猛兽,当作大逆不道;只有通过思考,罪行才能在世界上显示为这样。这就是库斯勒①《零与无限》的意义之一。鲁巴乔夫很容易就滑向了坦白的道路,因为他觉得,犹豫和怀疑是最绝对和最不可饶恕的错误;它们比任性不听话更为严重,会逐渐损坏客观性的世界。然而,不管

---

① Arthur Koestler(1905—1983),匈牙利作家。《零与无限》是其作品《中午的黑暗》法文版书名,鲁巴乔夫是书中人物。

枷锁有多结实，尽管有清洗，有暗杀，有流放，但任何制度都有反对者：总会有思考，有怀疑，有反对意见。即使是反对者搞错了，他的错误也会使真理迸发：就是在这个世界上，错误还有它的一席之地，主观性也有它的位置；不管它无理还是有理，它胜利了，它表明掌握着权力的人也会犯错。此外人们也知道这一点；他们知道自己会犹豫，会在风险中作决定。必要性的学说是一种比信仰更为强大的武器；如果人们使用它，这是因为人们知道，士兵可以不按他该做的去行事，不按人们所想的去做，可以不听话；人们知道他是自由的，所以要束缚他的自由。这是人们强加给他的第一个牺牲：为了掩盖暴力，人们只是想着借助新的暴力，甚至能伤害精神的暴力。

也罢，但这种暴力是有用处的，暴力的支持者说，他对暴力的目的深信不疑。而他所恳求的证明是这样一种辩解，即用最为普通的方式去启发行动，并使一切行动合法化。从保守党到革命者，通过理想主义和道德的词汇，或通过现实主义和积极的词汇，人们总是以有用性来原谅暴力的丑行。如果行动已经受到所建议的目标的召唤，即使它没有受到前面事件的注定影响，这也没什么关系。这个目标建立了手段，人们又使手段服从于目标；而借助于这种服从关系，人们毫无疑问不会避免牺牲，而是使牺牲合法化：对行动的人来说，最重要的问题就在这里；正像圣茹斯特那样，他同意失去他的无辜；他所讨厌的是犯罪的任意性，这比犯罪本身更令人讨厌。如果同意的牺性能够在事业中找到它理性的位置，人们就可以逃脱决定的忧虑和内疚。惟一的就是要胜利；正是失败将谋杀、毁灭变成了没有辩解的丑行，因为这些行为的完成是徒劳无益的；但是胜利会赋予所有不幸以意义和有用性，这些不幸曾经帮助人们去夺取胜利。

如果有用这个词本身就有一种绝对的意义，那么这样一种地位将是稳固的、令人满意的；我们已经看到，严肃精神的本质恰恰就是给本质以一种绝对意义，将事物或事业提高到无条件目标的尊严地位。那么这里惟一的问题就是一个技术问题；人们将根据有效性、可靠性、快捷性和经济性来选择手段；惟一的问题在于衡量这些因素的关系：所花的时间，成功的概率等。再说，在战争时期，纪律干脆让服从者省去了计算，计算仅仅是参谋部的事情；士兵不会质疑目的，也不会质疑达到目的的手段：他只需无条件地服从命令。问题在于，将战争与政治和其他任何技术区别开来的，就是战争的物资，战争所使用的物资就是人类。因此，正像不能将人类的劳动当作简单的商品一样，人们更不能将人类的努力和生命当作盲目的工具；人既是达到目标的手段，他自身也是目标。有用这个词召唤着一种宾格补语，而且也只有一个宾格：那就是人自己。如果没有合理的宣传去劝导士兵，说他所忠诚的事业就是人类，也就是他自己，那么连最守纪律的士兵也会哗变。

但是，人的事业是否就是每个人的事业呢？这是继黑格尔之后，实用道德想努力阐明的道理；如果人们要给有用这个词一个普遍和绝对的意义，就必须一直将每个人吸纳到人类中来；有人说，尽管人人都有肉体上的懦弱性，每个人在其特别的死亡面前都会感到一种特别的恐惧，但每个人的真正利益都会融入全体利益之中。事情确实如此，每个人都与所有人联系在一起；但这恰恰就是其状况的模糊性所在：在通向他人的超越过程中，每个人绝对都是为自己而生存着；每个人都与所有人的解放相关，但他又是一个分离的生存，投入到特别计划中的生存。所以，对人有用，对这个人有用，这两种说法指的不是同一内涵。普遍的人，绝对的人哪儿都不存在。通过这个迂回方法，人们还是遇到了同样的二律背反：能解释牺牲的惟一证明，就是它的有用性；但是有用的东西应该是能为人服务的东西。因此，正是为了服务于人们，就应该妨碍另一些人的利益。那么从两者之间作选择，要遵循什么原则呢？

要知道，人所预定的最高目标就是他的自由，自由是惟一可以构成任何目标的价值的东西；因此，像舒适、幸福、人类计划中确定的所有相关的财富等，人都使它们从属于这个绝对的实现条件。单独一个人的自由应该比收获棉花或收割橡胶更受到重视；尽管这个原则事实上并没有得到遵守，在理论上它还是得到普遍承认的。但是，使这个问题变得更加困难的原因就是，必须在否定一个自由和否定另一个自由之间做出选择：任何战争都会假设一条纪律，任何革命都会假设一种专政，任何政治都会假设一系列谎言；从谋杀到欺骗，行动会导致各种形式的奴役。那么这种行动说到底是不是荒诞的呢？或者在它所导致的丑闻中，能否排除一切障碍，找到要选择这个而不选择那个事物的理由呢？

有一种奇怪的妥协明确指出了这一点，即任何行动都既把人当作手段又当作目标，既当作外部客体又当作内心天地，通过这种妥协，人们一般只注重数量上的考虑；拯救十个人的性命总归比拯救一个人的性命更为重要。这样，人们便把人当作目标来看待，因为将数量作为价值，那就是重视每个单位的正面价值，但这也等于将价值看成了可量化的东西，因此也就将价值看成了外在物。我结识过一个康德理性主义者，他热烈地支持一个观点，即选择一个人的死亡和让一万人死去是同样不道德的；在一定意义上，他说得很有道理，因为在每桩谋杀中，丑事是全部的；一万人死亡永远不可能是一个个体死亡的一万个翻版；任何乘法都不能控制主体性。但他又忘记了对某个作决定的人来说，人确实是被当作物体呈现出来的，可以数出他们的数量；因此，人们倾向于认为对大多数人的拯救是合乎逻辑的，虽然这个逻辑不免会导致一种丑闻式的荒诞。此外，数量问题的这种地位是非常抽象的，因为人们只参考数量就作选择的情况并不多见。这些犹豫不决的人们，他们在社会中各有职责。一位珍惜士兵生命的元帅会把士兵的生命当作人类物资来节约，他认为这是有用的，要将物资留到后续的战斗中使用，或留到国家的重建中使用。但有时候，这位元帅也会处死数千平民，即使他们的命运与战争毫不相干，为的是要保住数百名士兵或数十名专家的生命。有一个极端的例子，即大卫·鲁塞①在《死亡一百天》中描写的情况：纳粹分子强迫集中营的负责人，要他们自己指定哪些关押犯可以送进煤气室；政治犯们则接受了这个职责，因为他们认为自己掌握了选择的有效原则：他们要保护属于自己政党的政治犯，因为这些忠于某个事业，即他们认为忠于正义事业的人们，他们觉得最需要予以保护。众所周知，人们曾经多次指责共产党在这方面的偏心；然而，既然无论如何也躲不过这场残酷的屠杀，那么惟一可以采取的立场，就是在最可能的范围内将这种残酷理性化。

我们的论证似乎并没有什么进展，因为说到底，我们的结论还是这样，即有用的选择，就是要牺牲最没有用处的人，保护那些更有用的人。那么这个不太有用和很有用的比较将向我们指明：有用这个词的补语，就是人这个词，但也是未来这个词。这就是作为人的人，根据蓬热的说法，他是"人的未来"。而实际上，当他脱离了他的超验，被缩减为人为性的在场后，单个个人就什么都不是；他只有通过他的投射才能自我

---

① David Rousset（1912—1997），法国作家，曾被关押在布痕瓦尔德集中营。

实现，只有通过他预定的目标才能自我证明；这种证明总是在等待自己来到。只有未来才能为自己的利益将现时重新抓住，通过对现时的超越而使现时保持活着的状态。未来是行动的意义和物质本身，只有在未来的光辉照耀下，一种选择才能成为可能。牺牲今天的人，为的是明天的人的利益，因为现时表现出一种人为性，必须超越它而走向自由。没有这种对未来的高度肯定，任何行动都是无法设想的。不过，我们还需就未来这个词的含义达成共识。

（四）现时与未来

未来这个词有两个意思，分别对应于人的模糊状况的两个方面，一方面是存在的缺失，另一方面是生存；这个未来既作为存在，也作为它所瞄准的生存。当我设想自己的未来时，我设想这是一个运动，它延伸着我今日的生存，它将完成我现在的计划，并超越这些计划而走向新的目标：未来，它是一个特别的超验所确定的意义，它与现时息息相关，与现时一起形成一个惟一的时间形式。这就是海德格尔所设想的那个未来，一个赋予每个瞬间的现实。但多少世纪以来，人们一直梦想着另一个未来，他们希望能够回收自己，成为享有荣誉、幸福或正义的生灵；这个未来并不延续现时，它在世界中构建一个由符号昭示的灾难，这些符号割断了时间的连续性：通过弥赛亚①，通过流星，通过最后的审判的号角来割断时间的连续性。在将上帝的天国送到天上的同时，基督徒们几乎将天国的时间特征清除得一干二净，何况这个天国仅仅在生命到达终点时才许诺给信徒。正是十八世纪的反基督教人文主义使神话回落到大地上。于是，人们通过进步的思想，构想出一种关于未来的思想，其中融合了两个方面：未来既表现了我们超越的意义，同时又显示了存在的固定性；未来是人类的，凡尘的，它是事物的休息状态。在黑格尔和孔德②的体系中，未来正是以这种形式羞羞答答地反映出来的。今日的人们正是在这种形式下多次展望这个未来，或是把它当作世界的单位，或是把它当作已经实现的社会主义国家。在这两种情况下，未来既表现为无限，又表现为总体，既是数量又是和解的单位；它是对消极的废止，是圆满，是幸福。人们设想，可以以未来的名义要求任何有限的牺牲。不管今日需要牺牲的人数有多少，能够利用其牺牲的人数却在无穷地增长；另一方面，面对未来的积极性，现时仅仅是个消极物，它必须被原样取消：只有忠诚于这个积极性，消极物才能从此转换成积极物。现时就是过渡性生存，一个生来就该废除的生存：生存只有在向未来存在的永久性的超越中才能恢复自

---

① Le Messie，即救世主。在《圣经·旧约》中，弥赛亚指犹太人期望的复国救主；而基督教中的弥赛亚就是指耶稣基督。
② Auguste Comte（1798—1857），法国哲学家，实证主义哲学创始人。

己；它只是一个工具，一个手段，现时只有通过它影响未来到来的效率才能有效地自我实现：如果它被缩减到自身的状态，那它就什么都不是，人们可以任意打发它。这正是下列说法的终极意义：即目标证明手段；用什么手段都无关紧要，所以任何手段都是被允许的。于是，一些人会冷静地认为，如果通过现时的压迫，世界能按原样得以实现，那么现时的压迫便无大碍；而且在劳动与财富的和谐平衡中，压迫将自行消除。另一些人也不偏不倚地认为，某个政党现在的专政，它的谎言，它的暴力等，如果通过这些手段能实现社会主义的国家，那么这些手段也就没多大关系；那么任意性和犯罪将永远从地球表面上消失。还有一些人则不能理直气壮，他们认为，既然未来总是会勉勉强强以胜利而结束，那么优柔寡断和折中妥协也无大碍。这就是严肃的安宁，所有那些把自己投射到物体性未来中的人，所有那些将其自由消耗在未来中的人，他们得到的就是这种安宁。

然而，我们也看到，尽管黑格尔的体系有其严格要求，他本人也不敢奢想一个固定的未来；他也认为，由于精神就是担忧，所以斗争将永不停止。马克思也不认为社会主义国家的到来是一个绝对的结局，而是一个史前时期的终结，从此将开始真正的历史。不过，要使未来的神话行之有效，这个新的历史只需被设想成一种和谐的发展，其中和解了的人们将自我实现为纯粹积极的人；但这个梦想是不被允许的，因为人起初就是消极的人。任何社会动荡，任何道德转化都不能够消除这个处于人内心的缺失；只有让自己的存在缺失，人才能生存，而积极的生存就是这个被承担了的缺失，而不是废除了的缺失；人们不能在生存之上建立一种抽象的智慧，而这个智慧通过背离人的存在，又以生存者的和谐本身为目的：因为这就成了一种自我的绝对沉默，而且这个自我又封闭在对消极性的否定之上。没有这个将自我投向存在的特别运动，人就不能够生存。这样一来，人们就不能够想象去调解不同的超验：超验并不像纯粹的抽象那样有一种千篇一律的顺从性，超验是具体的，正在具体地争夺存在。它们所提示的世界是一个战场，没有中立地带可言，也不能按小碎块进行分配：因为只有通过整个世界，每个特别的计划才能得到体现。人的状况的根本模糊性总是向人们开放着反向选择的可能性；在人身上总是有成为那种存在的欲望，即让自己的存在缺失的欲望，在自由的焦虑面前逃避的欲望；地狱的计划和斗争的计划永远都不会消除；自由永远也不会从天而降，而是需要时时争取：托洛茨基将未来设想成持久革命，他想表达的就是这个意思。所以，这就是隐藏在语言夸张背后的一种诡辩，而今日，所有的政党都用它来为自己的政策辩护，声称世界还处于战争之中。如果他们想说，斗争尚未结束，世界还处于对立利益各方的争夺之中，他们还在进行着武装冲突，这倒是真的；但我们也要说，这样一种形势是极不正常的，它会导致不正常的举动；它所包含的政策将否定任何的道德准则，因为它只有一个临时的形式：不久以后，它将以正义和真理为标准去行动。想到现在的战争，人们也会想到将来的和平，到那时，人们将有一个稳定的形势，可以有寻回一种道德的可能性。但是说实话，如果战争是由分裂和暴力来确定的，那么世界在从前就一直处于战争中，今后也将永远如此；如果人们期待普天下的和平来有效地建立自己的生存，那么他们将要永远期待着：永远不会有另样的未来。

或许某些人会否认这种论断，说它是建立在有争议的本体论假设之上的；但至少应该承认，这个和谐的未来只不过是个不确定的梦想，无论如何它都不是我们的未来。我们对未来的把握是有限的，生存的扩展运动要求我们每时每刻都努力扩大对未来的把握；而这种把握在哪里停止，我们的未来也就在哪里结束；超出这个极限，就不存在任何东西，因为不再有任何东西被揭示出来。从这个无形的黑夜中，我们不能得出对我们行为的任何证明；黑夜将不加区别地判决我们的行为，在抹杀今日的错误与失败之时，它也抹杀了今日的胜利；它既可以是天堂，也可以是混沌或死亡；也许有一天，人类将回到野蛮状态，有那么一天，地球只不过是一个冰天雪地的行星。在这个视角下，所有时刻都混合在虚无与存在的无区别状态中。人类不应该将拯救自身的努力寄托于这个未定和陌生的未来；应该由人类在自己的生存中去承担这个未来；我们也说过，这个生存只有当它作为对未来的肯定时才能够设想，而且这个未来应该是人类的未来，一个有限的未来。

有限性的这个意义如今已经很难保存下来。古希腊的城池，古罗马的共和都企图实现自己的有限性，因为占据这些国度的无限性对它们来说是一片黑暗；它们因对此一无所知而灭亡，但也因此而存在过。不过现如今，我们倒是很难存在下去，因为我们过分专注于挫败这个死亡。我们清醒地意识到，在我们的每个事业中，整个世界都是息息相关的，而我们的计划在空间上的扩展也将控制其时间的维度；通过一种反常的对称，当个人给生命的一天计算价值时，当一座城池计算它一年的价值时，而世界的利益将以世纪来衡量；人们考察的人类密度越高，外在性的观点越是会压倒内存性的观点，而外在性的思想也会引出数量的思想。这样，度量单位便改变了比例尺，我们周围的空间和时间得到膨胀：现如今，百万生灵已经算不了什么，一个世纪似乎也是弹指一挥间；然而个体却没有受这种转变的多少影响，他的生活节奏依然如故，死亡依旧在他面前虎视眈眈；他借助于某些工具来延长对世界的控制，这些工具让他吞噬掉距离，提高他在时间中努力的效率；但他永远是个孤独的个体。不过，他不接受限制，而是企图废除限制。他力图作用于所有东西，通晓一切东西。在十八和十九世纪，渐渐兴起一种普遍科学的梦想，这种科学通过显现部分与整体的紧密性，使它产生一种普遍的威力；用瓦莱里的话来说，这是一个"用理性进行梦想"的梦想，但它像所有梦想一样，并不是空无一物。因为一位想要知道某个现象中一切东西的学者，他将使该现象溶解在整体中；而一个想作用于宇宙整体的人，会看到他的行动的意义化为乌有。对我的目光开放的无限性在我头顶上收缩着，化作一片蓝色的天花板，同样，我的超验在远处堆积起未来那半透明的厚度；但就是在天地之间呈现着一片感知的田野，那里有众多不同的形状，有五彩的缤纷；正是在将我的今天和变幻莫测的未来分离开来的间隙中，才存在一些意义，存在一些我们为之而奋斗的目标。一旦人们将有限个体的在场引入世界，即没有它就没有世界的那个在场，那些有限的形式将通过时间和空间相互交叉。一幅风景不仅仅是一个过渡景象，也是一个特别的对象，同样，一个事件也不仅仅是一个过渡事件，而是一个特别的现实。如果人们像黑格尔那样，否认此地和现时的具体深度，而推崇普遍的时空，如果人们否认分离的意识而推崇精神，那么就会和黑格尔一样，错过世界的真理。

我们不应该把历史看作一个理性的整体，也不能把世界看作理性的整体。人，人类，世界，历史，根据萨特的说法，是一些"被非总体化了的总体"，也就是说，相互的分离并不排斥相互的关系，反之亦然。世上只存在通过特别个体存在的社会；同样，人类的历险是在时间的背景下展现的，一次次都是有限的，况且所有历险都向未来的无限性开放着，通过这种开放性，它们的特别形象能够投入其中而不致自我毁灭。这样一种观念并不否定一种历史的可理解性；因为说精神应该在非连续的偶然荒诞性和连续的理性需要中做出选择，这是不切实际的；相反，精神应该在世界的惟一背景中分离出一种协调整体的多样性，反过来，也应该在世界理想的统一视角中理解这些整体。我们用不着提出理解问题和历史因果问题，而只需在时间形式中见证可理解的连贯性的在场，以做出可能的预见，同时做出行动。而实际上，不管人们所加盟的是什么哲学，或我们的不确定态度表现出一种客观的和根本的偶然性，或这个不确定性表现出我们面对严格的必要性时的主观性无知，其实际态度都是一样的：我们应该决定一个行为的机遇，衡量它的效率，而不必知道在场的全部因素。这如同一位学者，为了解一个现象，他用不着等待业已完成的科学向他普洒光芒；相反，在弄清现象的过程中，他正在为构建该科学作出贡献；这样，行动的人为了做出决定，就不再等待一个完美的认识来向他证明某个选择的必要性；他必须首先做出选择，以此致力于塑造历史的工作。这样一种选择并不比一种假设更具有任意性，它既不排斥思考也不排斥方法；这种选择也是自由的，当然也带来一些风险，必须把它们作为风险来承担。人们总是在黑暗中才能看到精神运动的喷发，才能把精神称为思想或意志。而说到底，有没有一门历史的科学，实际上并不是很重要，因为这门科学只有在未来结束时才能真正发明,而在每个特别的时刻,无论如何必须在怀疑中进行操作。就连共产党人也承认,尽管他们的历史辩证法非常严谨,他们在主观上也有可能会弄错。历史在今日并不以完成的形式来体现;共产党人被迫要预见历史的发展,而这种预见有可能会出现错误。从政策和策略的角度来看,在纯粹的辩证必要性的学说和听凭偶然性的学说之间没有任何区别;区别只存在于道德范畴内。因为在前一种情况下,人们同意将每个时刻回收到未来之中,并不试图用自身去证明未来;在后一种情况下,因为每一个事业都只能包含一个有限的未来,所以它应该在它的有限性中被我们经历,应该当作一个绝对物来看待,而任何外来的时刻都不能成功地解救它。事实上,肯定历史统一性的人也会承认,在历史中有许多不同的整体在相互交叉;而指出这些整体的特别性的人也承认,所有这些整体都涌向一个统一的视野;同样,对所有人来说,同时存在众多个体和一个集体;对集体与个体对抗的断言,与人人为自己的个体组成的集体的断言相对立,但这是就道德层面而言,而不是在事实的层面上。同样,对时间和时刻来说也是这样,当我们认为,在对每个个人——否定后,人们就取消了集体,我们就会想,如果人继续无限地追求未来,那么他就会丢失自己的生存,而且永远也不能回收这个生存:那么他就会像一位狂人,永远追着自己的影子跑。人们会说,手段将由目标来证明;但实际上是手段在确定目标,如果手段在提出目标时就反对目标，那么整个事业就陷入了荒诞。因此，人们支持英国在西班牙、希腊和巴基斯坦的态度，借口是英国应该采取立场对抗苏联的威胁，以便用它自身的生存去拯救西方文明和民主的价值。然而，一个仅靠与独裁制度相当的压迫手段来维持自身生存的民主党人，他恰恰是在否定所有这些价值；不管一个文明的美德如何高尚，如果它是用不公正和暴政手段买来的，那这个文明等于否定了自身的美德。反过来，如果证明性目标被扔进了神话的未来中，它就不会再被反射到手段上来；因为手段更加接近我们，也更加明晰，所以它本身也就变成了确定的目的；它挡住了视野，却并没有蓄意想这么做。苏联的胜利被推崇为一种解放国际无产阶级的手段；但是对斯大林主义者来说，这个手段不也变成了一个绝对的目标吗？只有当目标处于现场时，只有当它在当前事业进行之中被完全揭示后，目标才能证明手段。

在事实中，如果人们真的在未来中寻找一种成功的保证，寻找一种对他们失败的否定，那么他们也真的会感受到一种否认时间不确定地逃逸的需要，并将他们的现时牢牢地掌握在自己的手中。如果人们不愿让整个生活确定为走向虚无的逃离，那就应该将生存肯定在现时中。不同的社会都设立庆祝仪式正是出于这个原因，其作用就是要中断超越的进程，提出作为结束的结束。例如，巴黎解放后的数十小时内，是巨大的集体庆祝仪式，标志着一段特别历史的幸运和绝对的结束，即巴黎被占领的历史的结束。在这个时候，有一些性情忧郁的人已经超越现时，想到了未来的困难，他们拒绝享受喜悦，借口新的问题将会很快出现；但这种忧郁情绪只有在那些不大希望德国人失败的人那里才能看到。所有那些将抗德斗争作为自己的斗争的人，哪怕作为良好愿望的真诚体现也好，都将抗德胜利作为绝对的胜利来看待，他们并不在乎未来会怎样。没有人会那么幼稚，不知道不幸很快会以别的面目出现；但是那一个不幸已经从地球上被抹去，被绝对消除了。这就是庆祝的现代意义，公共的庆祝或私人的庆祝都是这样。生存试图在庆祝中被当作生存而得到积极的肯定。因此，正如巴塔伊所阐述的，生存的特点就是毁灭；存在的道德，就是节俭的道德：在堆积的同时，人们的目标就是要实现自在那固定的圆满；相反，生存是一种消费：生存只有在自我拆除中才能实现。为了清晰地表明它相对于物体的独立性，庆祝实现的就是这个消极的运动：人们大吃大喝，燃放烟花，乱抛酒瓶，花费时间与金钱；花费这一切却一无所获。花费金钱财物的目的，就是要在生存者之间建立一种交流，因为只有通过人们之间相互承认的运动，生存才能得到证实；在歌唱中，在欢声笑语中，在舞蹈中，在色情中，在醉酒中，人们既寻找一种瞬间的陶醉，又寻求着与其他人的同谋关系。但是，被实现为纯粹消极性的生存的张力是不能维持多久的；它必须立即投入到新的事业中，它必须立即奔向未来。分离的时刻，对主观性现时的纯粹肯定仅仅是一些抽象行为；欢乐会窒息，陶醉会堕入疲劳，人们会重新两手空空，因为人们不能永远拥有现时；这就给庆祝仪式带来伤感和失望的东西。艺术的作用之一，就是以更加持久的方式来固定生存的这种热切的肯定：庆祝是戏剧、音乐、舞蹈和诗歌的起源。在表述故事的同时，人们使故事以其特别的方式存在，有头有尾，有荣耀也有耻辱。事实上，就应该这样去经历故事。在庆祝中，在艺术中，人们表达着他们绝对生存的需要。他们应该真正地完成这个心愿。让他们停止的东西，就是当他们给"结束"这个词赋予它的第二层意思①，即目的或完成的意思时，他们就会清楚地发现他们存在状况的这种模糊性，这是所有模糊性中最根本的模糊性：即任何活跃的运动都是滑向死亡的运动。但如果他们愿意从正面考察它，他们也会发现，任何滑向死亡的运动也就是生命。从前人们曾高呼："国王死了，国王万岁！"因此，必须让现时死去，以便让现时永恒；生存不应该否认它放在自己心窝里的这个死亡，而应该存心需要这个死亡；生存应该以绝对物的形式，以有限性本身的形式肯定下来；人只有在过渡物的中心才能自我实现，否则永远也不能如愿。他应该把自己的事业看作有限的事业，而且要绝对地需

---

① "结束"，法语为 fin，该词在法语中也有"目的、目标、结果"的意思。所以下文中会说目标就是结束，结束又是新的起点，然后又有新的目标。又说有欲望的人想得到结果，但他得到结果后并不停止不前，而是为了享受得到的结果；他得到结果是为了让人超越结果。结果的概念是模糊的，因为任何结果同时又是一个起点。作者故意选取一些模棱两可的词，从文字角度体现事物的模糊性。

要这些事业。

显而易见,这种有限性并不是纯粹瞬间的有限性;我们说过,未来是一切行动的意义和物质所在;其界限不可能在事先就标出;有一些计划只能确定一天或一个小时的未来;而另一些计划则可以纳入一些规划结构,能够在一个世纪、两个世纪或数个世纪中发展,它们通过这种方式对一个、两个或数个世纪进行具体的控制。当人们为解放受压迫的土著、为解放美洲黑奴、为建立一个巴基斯坦国、为社会主义革命而斗争时,显然这是为了一个长期的目标;他们还通过自己的死亡,通过协助组成的运动、联盟、国家机关和政党,使他们的目的更加具体。我们主张不必等待这个目的被证明为一个新未来的起点;由于我们不再对事件发生所经历的时间拥有控制权,所以就不应该再从这个我们为之奋斗的时间中期待些什么;其他人将经历这个时间的欢乐与痛苦。至于我们,应该将结束当作目的来对待;我们要从我们的自由出发,从计划这个目的的自由出发,通过运动的整体去证明这个目的,而这个运动将走向目的的实现。我们给自己提出的任务,尽管有时会超出我们生命的界限,但仍然是我们的任务,它们应该在自身中,而不是历史的神话性目标中寻找意义。

但是,如果我们抛弃了神话式未来的想法,而只留下活跃的和有限的未来的想法,并且限定一些过渡的形式,行动的二律背反还是没有消除;现在的牺牲和失败似乎并没有赎回,在任何时间点上都没有赎回。而有用性不再能够以绝对的方式自我确定。这样，我们在谴责行动的人时，是否就将人的行动判决为犯罪行为和荒诞行为呢？

（五）模糊性

我们不应该混淆模糊性和荒诞性的概念。将生存宣布为荒诞的东西，就是否认它能够给自身一个意义；说生存是模糊的，就是指出它的意义从来都不是固定的，其意义应该不断地自我丰富。荒诞性拒绝任何道德；但对真实的完全理性化也不给道德留有余地；这是因为人的状况是模糊的，所以人才会试图通过失败与丑行去拯救生存。因此，说行动应该在真理中被人经历，也就是说在对真理所包含的二律背反的意识中被人经历，这并不意味着人们应该放弃行动。德皮埃尔富[①]在《普鲁塔克说了谎》一书中说得很对，他说在战争中，没有一个胜利不可以被看作一个不成功之举，因为战争的目的是要彻底消灭敌人，但这个结果从来也没有达到过；当然，有一些战争赢了，有一些战争失败了。任何其他的活动也是如此；失败与成功是现实的两个方面，但在初期的区别并不那么清晰。这正是让批评很容易、艺术很困难的地方：批评总是能得心应手地展

---

① Jean de Pierrefeu（1883—1940），法国记者、评论家。

示任何艺术家在自我选择时的局限：在乔托、提香、塞尚的画中，画作从来都不是整体一蹴而就的；绘画经过多少世纪的探索，却从来没有完成；一幅解决了所有绘画问题的画作几乎是不可设想的；但正是这个朝着绘画现实的运动才是绘画本身；它不是空转的磨盘那无用的运动；它会在每块画布上具体成绝对的生存。艺术和科学不可能不顾失败而形成，它们是在失败中成长起来的；当然这并不是说没有真理与谬误，精品与平庸之作，这要看艺术家的发现和画作是否善于博得人类意识的赞许；这就是说，失败总是难以避免的，但在某些情况下，失败得到拯救，而在另一些情况下则不然。

继续进行这种比较是很有意思的。这倒不是因为我们将行动等同于一件艺术作品，或等同于一种科学理论，而是因为人类的超验在任何情况下都应该面对同样的问题：超验必须自我建立，尽管它被禁止而永远不能自我实现。但我们也知道，无论是科学还是艺术，都永远不能指望未来给它们现时的生存做出证明。在任何时代，艺术都不能自认为是通向伟大艺术的道路：所谓古老的艺术只能在考古学家们的眼里酝酿着古典主义；塑造雅典女神像的工匠想制造一件完成之作是有道理的。在任何时代，科学都不把自己看作部分的科学，或留有空白的科学。虽然科学并不自认为是终结性的，但它总是想完整地表达世界，正是在这种总体性中，科学一代一代地对自身进行质疑。这就是人在任何情况下都应该承担其有限性的方法的例证：不应该将它的生存当作过渡的生存，相对的生存，而应该思考生存中的无限性，即把生存当作绝对的生存。要说有艺术，那是因为在每一个时刻，艺术都被绝对需要；同样，只有当人选定了目标，而且自由也完全在选定目标的事件中得以完成，这时他才能得到解放。这就要求每个行动都被看作一种已经完成的形式，而形式的不同时刻不会逃向无限，去寻找自身的证明，这些时刻将互相反射，互相印证，使得现时与未来之间、手段与目标之间不再有明显的分离。

但是，如果这些时刻构成了一种单位，那么它们之间就不应该自相矛盾。既然作为目标的解放不是一个处于外来时间中的事物，而是一个正在争取获得、正在实现的运动，那么，如果它首先就否定自身，它就不可能达到自己的目标；行动也不能够通过毁灭自身意义的手段去努力实现自己。因此，在某些情况下，对人来说没有比拒绝更好的出路了。在人们所说的政治现实主义中，却没有拒绝的余地，因为现时被看作一个过渡时刻；只有当人向现时要求他的生存并把这个生存看作绝对价值时，才可能有拒绝；因此，他必须彻底摈弃否定这个价值的东西。如今，当人们谴责一位出卖共产党人的法官时，依据的或多或少就是这种道德，因为这位法官用一名共产党员去交换十个人质，赎回所有所谓"见机行事"的维希分子：面对德国占领的现状，人们不应该对这种现时进行粉饰，而应该无条件地拒绝。抵抗运动并不追求一种积极的效应；它是一种否定、反抗、殉难；而在这场消极的运动中,自由却得到积极的和绝对的认定。

从某种意义上来说,持消极的态度倒是比较容易;被拒绝的对象显得一清二楚,毫不含糊地确定了人们对它的反抗;因此,在被占领时期,所有反法西斯的法国人都在共同的抵抗中团结一致,反抗惟一的压迫者。面向积极的回归反倒会遇到更多的暗礁,我们在法国就清楚地看到了这一点,那时的法国不仅出现了许多政党,同时还复活了许多分裂和仇恨。在拒绝的时刻,行动的二律背反被清除了,手段与目标合二为一;自由立刻把自己当作目的,在提出目标中实现自己。但是,一旦自由重新给自己确定了目标,确定了一些远离自己的处在未来中的目标,那么二律背反的情况就会重新出现;于是,在既成事实的抵抗中,人们会提出不同的手段,而某些手段则被确定为与其目标完全相反的手段。人们经常会看到这种情况:只有反抗是单纯的。任何建设都会导致专政和暴力的丑剧。这也是柯斯勒《斯巴达克斯》一书中众多的主题之一。那些不愿意在丑剧前退却、不甘心陷入无能处境的人,正如斯巴达克斯这个象征人物那样,他们通常会在严肃的价值中寻找一个庇护所。这就是为什么在个体和集体中,消极的时刻往往是最真实的时刻。歌德、巴雷斯[①]、阿拉贡[②]在他们浪漫的青年时代时,蔑视

[①] Maurice Barrès(1862—1923),法国作家与政治家、法兰西学院院士。
[②] Louis Aragon(1897—1982),法国作家和诗人,超现实主义创始人之一。

和反抗一切，打碎古老的守旧意识以推崇真正的解放，尽管这个解放还不完全；但不久以后，歌德成了国家的奴仆，巴雷斯成了民族主义的帮手，阿拉贡则成为斯大林模式的旗手。人们知道，过去基督教的精神就是对死亡法则的拒绝，这是个体与上帝之间通过信仰和慈悲建立的主观关系，现在取而代之的是天主教会的严肃精神；教会的改革是对过去主观性的反抗，但新教也自我更新为一种客观的道德论，其慈善事业的严肃性取代了对信仰的担忧。至于革命的人道主义，它很少接受持久革命的张力；人道主义者新创立了一个教会，其拯救是通过加入党派而赎买的，正像在其他地方用洗礼和宽容去赎买拯救一样。我们看到，这种对严肃的求助是一个假象；它会导致为事物牺牲人类、为事业牺牲自由。为使面向积极的回归成为真正的回归，这个回归必须包含否定性，它不能掩盖手段与目标、现时与未来之间的二律背反，要让这种二律背反在持久的张力中被人们经历，人们既不能在暴力的丑行前退却，也不能否认这个丑行，或以轻松的心情去承担这个丑行，其结果都一样。克尔恺郭尔说，伪善者与真正有道德的人的差别就在于，前者把他的焦虑看作其美德的一个肯定的抵押物；因为他会问自己：我是亚伯拉罕[①]吗？于是就得出结论：我是亚伯拉罕；但道德性则处在对此不断询问的痛苦中。我们所提出的问题与克

---

① Abraham，《圣经》中的族长，以撒的父亲。

尔恺郭尔的问题有所不同；对我们来说，重要的是要知道在特定的条件下，我们是否应该杀死以撒。但我们也想到，暴君和善良的人的区别，就是前者对其目的的肯定性，而后者则处于不停的自问之中：我所做的是否有益于人们的解放？我的目标是否会受到牺牲者的质疑？因为这个目标是通过牺牲来实现的。在提出自己目标的同时，自由应该将目标放进圆括弧，让它们时时面对那个由自由自身构成的绝对目标，并以自由的名义去反对为夺取自由而使用的某些手段。

人们也许会说，这些看法也太抽象了。在实践中应该怎么做？什么是好的行动？什么是不好的行动？提出这样的问题，这也是落入一种天真的抽象中。人们不会向物理学家提问：哪些假设是真实的？也不会问艺术家：什么方法能保证制造精美的作品？道德不会比科学和艺术提供更多的秘诀。我们只能建议一些方法。因此，在科学中，根本的问题就是思想与内容相一致，规律与事实相一致；逻辑学家看到，在既成事实的压力促使理解问题的概念崩裂的情况下，人们决心发明另外一个概念；但人们并不能首先确定发明的时刻，更不能预见这个发明。我们可以以此类推，在行动的内容否定行动的意义的情况下，应该改变的不是意义，因为意义在这里是人们绝对想要的，要改变的应该是内容本身；然而，要抽象地和普遍地决定意义与内容的这个关系是不可能的；在每个特别的情况下，应该有一个检验和一个决定。但是，我们不能从这些思考中期待任何现成的解决办法，物理学家从对科学发明的条件的思考中找到好处，艺术家则从艺术创作的条件中获得裨益，而对行动的人最有益的事，就是寻找在什么条件下他的事业最有价值。我们将看到，积极的视角将从这里起初见端倪。

首先我们觉得，作为原样的个人是众多的目标之一，我们的行动就是为了这些目标。这里，我们与一些其他观点不谋而合，如基督教的慈悲观、伊壁鸠鲁对友谊的崇拜、康德将每个人当作一个目标的道德观等。我们关注的并不是作为某个阶级、某个民族和某个集体的成员的个人，而是关注他作为单独一个人的人。这就将我们与那种只关注集体命运的体系性政治区别开来；毫无疑问，这无助于谋求人类的解放，就像一个流浪汉兴致勃勃地喝一升酒，一名儿童兴奋地拍一会儿球，一位那不勒斯乞丐懒洋洋地晒着太阳；这就是为什么革命者的抽象意志会蔑视具体的善良，因为具体的善良只满足于不顾来日的欲望。然而，我们不应忘记，在自由和生存之间有一种具体的联系；想要让人自由，就是想要有生灵生存，就是想要揭示处于生存快乐中的存在；为使解放的思想有一个具体的意义，那么生存的快乐就应该在每个人身上得到显示，在每个瞬间得到显示；只有在快乐和幸福中逐步深化，朝向自由的运动才能在世界中获取鲜活和真实的形象。倘若一位老者喝一杯酒无足轻重，那生产与财富就是一些空洞的神话；只有当生产和财富能够被回收、成为个人的和鲜活的快乐时，它们才具有意义；如果一位正在玩耍的儿童的笑声与我们无关,那么时间的经济、休闲的取得将毫无意义。如果我们不能为自身的利益并通过他人而喜欢我们的生活,那么寻找任何证明生活的方式都是白费力气。

然而,政治有理由拒绝善良,因为善良冒失地为了现时而牺牲未来。在与每个人一对一的关系中,自由的模糊性常常只致力于自行逃避,它会引入一个难办的双关语。喜爱他人究竟是什么意思?把他人当作目标又是什么意思?显而易见,我们将无法在任何情况下实现任何人的意志。在一些情况下,一个人会以积极的方式需要邪恶,即需要对其他人进行奴役,因此应该与他进行斗争。也有这种情况,他的本意并不想伤害任何人,而只想逃避自己的自由,以独立的方式热切地想达到那个不断离他而去的存在。如果他要求我们帮助,我们是否应该帮助他呢?人们咒骂一个帮助吸毒者吸毒的人,指责一个去自杀的失望者,因为人们想,这些轻率的行为是个人反对自身自由的谋杀行为;应该让他意识到自己的错误,让他面对自身自由的真正要求。也罢,但如果他固执己见呢?那要不要使用暴力呢?这里再一次说明,严肃又在致力于回避问题;生命的价值、健康的价值和道德的随大流价值已经提出,人们会毫不犹豫地将它们强加于人。但人们也知道,这种伪善会带来最为严重的灾难:没有了毒品,吸毒者有可能自杀。我们既不能轻率地向怜悯或慷慨的冲动做出让步,也不应该固执地为一种抽象的道德服务；暴力若要得到证明，就应该向我想要拯救的自由开启具体的可能性；在行使自由的过程中，相对于其他人和我自己来说，我不由自主地把自己投了进去；一个人选择了自己的死亡，而我却把他从死亡中拉了回来，他完全有权利向我询问生活的手段与理由；对一位病人实施的暴行只能通过治愈他的疾病来证明；不管激励我的意图有多么纯洁，任何专制都是错误，我必须为此而请求原谅。那么，我是否处在对任何人都这样决定的处境：一个陌生人跳进塞纳河中，我是否要为救他而迟疑，这个例子非常抽象；由于缺乏与这位绝望者的具体关联，我的选择永远都是偶然的事实。如果我要向一名儿童、一个忧郁者、一位病人或一位迷路者施加暴力，那是因为我以这种或那种方式承担着他的教育、他的幸福、他的健康：我是亲人或老师、看护、医生、朋友……于是，通过一种无言的公约，因为人家向我请求，人家就得接受或希望我做出严格的决定；因为我能够更好地承担责任，所以我的严格性将得到更好的证明。这就是为什么爱情允许严厉，而漠然则不允许这种严厉。使问题更加复杂化的是，一方面，人们不应该成为这种逃避自由的同谋，在轻率、任性、怪癖、激情中常常会碰到这种逃避行为；而另一方面，正是人面对存在的失误运动才是他真正的生存，这个运动只有通过被承担的失败才能显示为自由。禁止人犯错误，就是禁止他完成自己的经验，就是剥夺他的生活。在克洛岱尔的《缎子鞋》中，唐娜·普鲁埃兹的丈夫是一位审判者,是公正的人,至少作者这么想。这位丈夫解释说,任何植物要想直立生长,都需要一位园丁,而他就是上苍许配给他年轻妻子的园丁;这种想法(因为他凭什么说他就是那位经验丰富的园丁呢?他不就是一个嫉妒的丈夫吗?)的狂妄自大令人感到吃惊,此外,这种将心灵与植物等同起来的做法也是让人不能接受的;因为按康德的话来说,一个行为的价值并不在于它同外部的某个模式相符,而是在它内部的真理中。我们拒绝那些想把外部事物创造成法则和美德的审判者;我们拒绝所有那些想将外部事物变成人类幸福的法西斯主义的形式;我们也拒绝家长式统治,家长式统治认为在禁止人们的某些诱惑时,它为人们作了不少贡献,而实际上它应该给人们指出抵抗这些诱惑的道理。

因此,暴力在反对被人们判定为错乱的意志时,它自身就首先没有得到证明;如果暴力借口说它因无知而否定自由,而我们则看到,这个自由实际上能够在无知的情况下行使,那这个暴力就变成了不可接受的东西。但愿"有识之士"努力改变儿童和文盲的处境,改变被迷信压垮了的原始人的处境,这才是他们最为紧迫的任务之一;但就在这种努力中,他们应该尊重绝对的自由,就像尊重他们自己的绝对自由一样。例如他们一直反对扩大普选的范围,推托说广大的群众、女人、殖民地的土著没有参政能力;他们忘记了这一点,即人在黑暗中总是要决定自己的命运,他们需要他还不知道的东西。如果说无限的知识是必需的(假设这种知识是可以设想的),那么殖民地管理者也没有权利享受自由;管理者也远远没有达到拥有完美知识的地步,正像最落后的野蛮人远远没能认识自己一样。事实上,投票不等于管理,而管理也不仅仅是操纵;在今日,存在一种暧昧状态,在法国尤其是这样,因为我们认为我们掌握不了自己的命运;我们不再希望能为谱写历史作出贡献,我们只能顺从地承受历史;我们国内的政策仅仅反映了外部力量的游戏,任何政党都不能声称决定国家的命运,而只能预见外国列强在这个世界上为我们准备的未来,最大限度地使用那非决定性的一小块权力,何况它还无法预见这个权力。公民在这种战术现实主义的训练下,已经不再把投票看作对自己意志的肯定,而是作为一种操作,或者整个地参加一个政党的操作,或者自己创造自己的战略;选举者也不再把自己看作别人就某件特定的事需要咨询的人,而是看作人们可以计算的力量,人们可以把他们组织起来以满足远期目标的需要。法国人曾经贪婪地发表自己的政见,而现在则对行动越来越不感兴趣,这无疑就是原因,因为这个行动已经变成了令人失望的战略。确实,如果不投票而又要衡量投票的分量,这样的计算要求有宽广的知识面,要求对未来的预见要非常可靠,因此只有专业化的技术人员才胆敢发表意见。但这种对方法的滥用使得民主的意义荡然无存;从逻辑上讲,我们应该得出取消投票的结论。投票实际上应该是一种具体意志的表达,是一位有保护能力的代表做出的选择,他应该在国家和世界的范围内,有能力保护其选民的特殊利益。无知识和无财产的人,他也有利益需要保护;只有他自己才"有权力"决定自己的希望和自信。通过一种建立在严肃性恶意之上的诡辩,人们不仅推托说他被公认为没有能力做出选择,而且还说他对选择的内容一无所知。在众多例子中,我记得有一位很会考虑问题的年轻姑娘,她天真地说:"女人参加选举原则上是好事;但如果给她们选举权,她们就会投改革派。"同样厚颜无耻地说法也不鲜见,在今日法国几乎是异口同声,说如果允许法兰西联盟中的土著人自行决定命运,他们会安安静静地生活在自己的村庄里,什么都不做,这将对伟大经济的最高利益造成危害。毫无疑问,这种静止状态,即他们选择在其中生活的状态,也是一个人希望另一个人所具有的状态;人们希望在懒惰的黑人面前开启一些新的可能,经济的利益也许有朝一日会和他们的利益相融。但是现在,就让他们在这种状况下生活吧,就像他们的自由也可以是消极的一样;他们所想要的最好的东西,就是不要太累,不要受苦,不要劳作;而人们却拒绝给他们这个自由。这是压迫的最完善和最难以接受的形式。

然而,"有识之士"会反驳说,人们不会让一个儿童决定自己的事情,不会让他去投票。这又是一个诡辩。由于女人和快乐而顺从的奴隶一直生活在儿童的世界中,接受着现成的价值观,称呼他们为"永远长不大的孩子","一个大孩子",这是有意义的。不过，这种类比只是部分地有效。童年是一种特殊的处境：这是一个自然的处境，其界限并不是其他人划定的，因此，童年不能与压迫相提并论；这是所有人共同的一种处境，对所有的人来说都是临时的处境；因此它并不代表一种割断个体及其可能性的界限，相反，它是个性发展并能争取新的可能性的一个时段。儿童之所以无知，那是因为他还没有时间去接受教育，而不是因为受教育的时间被人拒绝了。把他当作孩子，这倒不是挡住他的未来，反而是为他开启未来；儿童需要别人来管他；他会向权威机构求援，而权威机构是儿童为反抗人为性而采取的形式，在反抗人为性的斗争中，任何一种解放运动都可以进行。另一方面，就在这个处境中，儿童有获得其自由的权利，他应该被当作一个人类的人而得到尊重；《爱弥儿》的价值，就在于卢梭在书中鲜明地肯定了这个原则。在《爱弥儿》一书中，有一种自然主义式的乐观让人很不愉快；在儿童的教育中，在任何与他人的关系中，自由的模糊性会导致暴力的丑恶行为；从某种意义上讲，任何教育都是失败。但卢梭拒绝说人们压迫了童年，这是有道理的。抚养一个孩子与培育一株植物有着本质上的区别，培育植物不需要询问它的需要，或者把它当作一个自由体，要为它开启一个未来。

这样，我们就可以提出第一个观点：一个个体的利益，或一群个体的利益，它值得我们把它当作我们行动的绝对目的；但是我们又未被许可优先决定这个利益。说实在的，我们总是不能被允许首先采取任何一个行为，而存在主义道德的具体后果之一，就是拒绝所有预先的证明，即从文明、年龄和文化中找到证明；这就是拒绝任何权威的原则。从积极的意义上说，需要告诫的是应该把他人（因为他人是惟一相关的人，而且这正是我们现在需要重视的时刻）当作自身自由的目的自由体；通过使用这个线索，人们应该在每个特殊情况下，在险境中发明一种新颖的解决办法。如一位年轻姑娘在失恋后吞下一瓶安眠药；朋友们在早上发现她奄奄一息，便喊来医生，把她救了过来；后来她成了一个幸福的家庭主妇；她的朋友们完全有道理认为，她当时的自杀是一种仓促和鲁莽的行为，让她能够拒绝这个行为或自由地重新选择是有道理的。但是，人们在避难所里看到许多忧郁的人，他们已经自杀不下二十回，将他们的自由用来寻找逃避囚禁生活和结束无法忍受的焦虑的手段；医生友好地拍拍他们的肩膀，而他们则把他当作暴君和刽子手。一位酗酒并吸毒的朋友跟人要钱去买他所需要的毒品；我劝他去戒毒，我把他带到医生那里，我试着让他重新生活；如果我有成功的机会，我拒绝给他提供毒资就做对了。但如果情况不允许我做任何事，去改变他在其中挣扎的处境，那我也只好让步；几个小时的剥夺只能加剧他的痛苦，于事无补；他还可以借助极端手段得到我不想给他的东西。这也是易卜生在《丑小鸭》里所说的问题。一个人生活在谎言世界的处境里，而谎言就是暴力，就是暴政：我能说出真相而让蒙冤的人获释吗？首先应该创造一种处境，要让真相变得可以忍受，使个人在失去幻想的同时，还能在他周围找到希望的理由。使问题更加复杂的是，与一个个体的自由有关的东西几乎都与其他个体的自由相关。又有这么一对夫妇，他们坚持要在一个破屋里居住；如果人们不能成功地说服他们，让他们产生居住更体面的房屋的欲望，那就应该让他们按自己的意愿行事；但如果他们有孩子，情况可就变了；父母的自由将对孩子造成危害，而孩子是未来，是自由，应该首先考虑他们的利益。他人是多数的，从这里出发，又将引发许多的新问题。

人们首先要问，我们在为谁寻求自由和幸福。这样提问似乎有些抽象；因此答案也可能很任意，而任意就会导致丑行。如果说那位好善乐施的太太令人作呕，那也不全是她的错；因为她所拥有的时间和钱财都很有限，所以在向这人或那人布施之前，她不免有点犹豫，在他人面前，她像是一个纯粹的外来者，一个盲目的人为性。康德主义的严厉是表面的，它认为行为越是抽象，就越具有美德，相反，我们觉得慷慨更为踏实，更为有效，尤其是他人与我们的区别甚微，我们可以通过将他人作为目标而自我实现。如果相对于他人来说我介入了行动，就会发生这种情况。斯多葛学派的信徒拒绝家庭纽带、朋友情谊和民族关系，只承认人的普遍的面孔。但人是经历众多处境的人，而处境的特别性恰恰就是一个普遍的事实。有的人就是在等待一些人的救助，而不指望另一些人的救助，这些期待确定了优先的行动线。黑人为黑人而斗争，犹太人为犹太人而斗争，无产者为无产者而斗争，西班牙人为西班牙人而斗争，这是天经地义的事。需要指出的是，这种对特殊团结的肯定不应该与普遍团结的意志相矛盾，而且每项完成的事业应该向全体人类开放。

但正是在此时，我们将面对以具体形式出现的冲突，即我们先前抽象描述的冲突；因为自由的事业只能通过个人的牺牲才能取得胜利。当然，在人们所想要的财物中有一些等级：人们会毫不犹豫地牺牲一些人的舒适、豪华、休闲等，以保证其他人的解放；但是，当人们要在若干个自由之间做出选择时，那又如何决定呢？

我们想再次强调，我们在这里只能提出一种方法。第一点就是要不断考察人类的真正利益，要看人们所推崇是什么行动目标，看行动目标的抽象形式包括了怎样真正的人类利益。政治在人们面前展示的都是一些伟大的思想：如民族、帝国、联盟、经济等等。但其中的任何一个形式本身都没有什么意义，只有当它包含具体的个人时才能有其意义。如果一个民族只有在损害其人民利益的情况下才能骄傲地确立，如果一个联盟只能在损害它主张要团结的人之时才能创立，那么就应该拒绝这个民族和这个联盟。我们要摈弃所有的唯心主义、神秘主义等，这些学说的共同点就是只要形式，而不要人类本身。但当人们面对一个真正服务于人类的事业时，问题会变得更加棘手。因此，斯大林政策的问题，党与群众的关系问题，是所有善意的人们所关注的首要问题，因为党依靠群众，又为群众服务。然而，以恶意态度对待这个问题的却大有人在，所以我们有必要消除一些诡辩之说。

苏联的反对者就使用过一种诡辩，当他指责斯大林政策中使用了犯罪性的暴力时，却忽略了这个政策与它所追求的目标的相符性。毫无疑问，清党、流放、过度占领、警察专政等在程度上超过了任何其他国家所使用的暴力手段；而俄国一亿六千万人口这个事实就增加了所犯错误的数量系数。但是，仅从数量上去看是不够的。我们既不能将目标与确定目标的手段决然分开，更不能脱离决定手段意义的目标去判断手段。用私刑处死一个黑人与消灭上百个反对者，这是两个不同的行为。私刑是一种极端的邪恶行为，它代表着一种业已消亡的文明的残余，是应该消失的种族斗争的持续；这是一种不能得到证明和不可饶恕的错误。消灭上百名反对者，这肯定是个丑恶行为，但这个行为或许还有一定的意义、一定的道理；也许是为了维护一种制度，而这个制度又能改善广大群众的命运。也许这个措施本来可以避免；也许它仅仅代表了任何积极建设中所包含的必须失败的那个部分。人们只能将它放到它所服务的整个事业中去评判。

但另一方面，苏联的拥护者在用所追求的目标无条件地为牺牲和罪行作辩解时，却用了另一种诡辩；首先必须证明，一方面，目标是无条件的，另一方面，以目标的名义犯罪，在严格意义上来说是必需的。杀死布哈林，为的是确保斯大林格勒的胜利；但是应该知道，莫斯科审判在何种实际程度上增大了苏联胜利的机会？正统斯大林派的诡计之一，就是在必要性上做文章，将整个革命放到天平上去衡量；看上去，天平的另一个秤盘上问题的分量还不够。但历史的整体辩证法的想法并不导致任何因素变成永久的决定性因素；相反，如果人们接受一个人的生命能改变事件的进程这一想法，那是因为人们同意给克娄巴特拉的鼻子和克伦威尔的肾结石赋予主导作用这样的观念。出于整体的恶意，人们在此在必要性的两个相反观念上做文章：一个是综合的观念，另一个是分析的观念；一个是辩证的观念，另一个是决定论的观念。前者使历史显示为一个可理解的未来，在这个未来中，偶然事件的特别性被消除；不同时刻的辩证串联只有在每时每刻中才能进行，只有在对一个个特别因素无法决定的情况下才有可能。相反，倘若人们接受每个因果系列的严格决定论，就会得出一个偶然的和杂乱的整体视野，认为各系列的连接是偶然形成的。一位马克思主义者应该承认，他的任何一个特殊决定都不能使革命进入总体之中；他只能加快或延缓革命的到来，避免使用代价更为高昂的手段。这并不意味着他应该在暴力面前后退，而是说他不应该将暴力看作事先就由目标证明了的暴力。如果他能在真理中考察他的事业，也就是说在有限性中考察事业，那么他将理解只有一种有限的赌注，一种与他所要求的牺牲相对抗的赌注，而这是一种不确定的赌注。诚然，这种不确定性不应该阻止人们去探寻目的；它应该要求人们在每种情况下都努力在目的和手段之间找到一种平衡。

因此，我们反对首先对暴力进行谴责或证明的任何做法，尤其是为实现某种有价值的目标而施行的暴力。必须具体地为这种暴力恢复名誉。在这里，要进行一种安静的数学计算是不可能的。人们应该尝试着欣赏由某种牺牲带来的成功机遇；但这个判断首先就总是让人怀疑；再说，在牺牲的即时现实面前，机遇的概念是很难想象的。一方面，人们可以无限地增加一种概率，永远也达不到肯定性；然而实际上，这个概率最终会与肯定的渐近线混为一体：在我们的私人生活中，在我们的集体生活中，只存在统计学上的真理，别无他物。另一方面，有关利益并不能被放进数学方程式；一个人的痛苦，一百万人的痛苦是无法估量的，不能与其他千百万人实现的胜利相提并论；死亡与将要到来的生命相比，也表现出无法比拟性。一方面想要增加达到目标的成功机遇，另一方面又要减轻即时牺牲的分量，这简直是幻想。人们会落入自由决定的焦虑之中。这就是为什么政治选择是一种伦理选择：在打赌的同时，也做出一个决定；人们就设想的措施会带来的机遇与风险进行打赌；但机遇和风险是否要在已知的境况中予以承担，这不用借助任何东西就可以决定，人们通过这种做法形成价值观。如果说吉伦特派在一七九三年拒绝大恐怖的暴力，而圣茹斯特派和罗伯斯庇尔派则承担暴力，那是他们对自由没有共同的观念。在一八三〇年和一八四〇年间，那些局限于在政治上对抗王权的共和派和采取暴动技术的共和派，他们所期望的并不是同样的共和国。在每种情况下，都必须确定一个目标并付诸实现，同时应该明白，对所使用手段的选择既关系到目标的确定，又关系到目标的完成。

在通常情况下，情况总是非常复杂，因此在提出选择的伦理时刻之前，必须进行长期的政治分析。我们在这里仅仅局限于考察几个案例，以进一步明确我们的立场。在秘密的革命运动中，当人们发现一只替罪羊，就会毫不犹豫地杀了它；因为替罪羊是一种现实的和未来的危险，必须清除；但如果是一个人被怀疑通敌，情况就比较模糊了。人们咒骂北部的一些农民，说在一九一四年到一九一八年的战争中，他们屠杀了一个无辜的家庭，因为他们怀疑这个家庭给敌人通风报信；这不仅是因为案中的推断模糊不清，还因为其中的险情并不确定；无论如何，只需将可疑人关进监狱，在等待严格调查的过程中，很容易阻止他们造成危害。然而，如果一个可疑的人手中掌握着其他人的命运，而如果为了避免误杀一个无辜的人，而使十多个人冒着被杀的危险，那牺牲这个无辜者就情有可原。但人们必须要求的是，这种决定不能仓促而轻率地做出，而且从整体上说，强加的痛苦应该低于所预见的痛苦。

还有更加令人担忧的情况，因为暴力不是可以立即奏效的；抵抗运动中的暴力就是这样，它不以削弱德国的物质状态为目的，而恰恰是以创造一种暴力状态为目的，使得与德国的合作成为不可能；从某种意义上说，为消灭三个敌人军官所付出的代价是烧掉法国整个一个村庄，这代价也太高了；但这些纵火案、杀死人质案本身就是抵抗计划的一部分，在占领者和被占领者之间形成了一道鸿沟。同样，十九世纪初巴黎和里昂的起义，或印度的反抗，并没有主张一下子打碎压迫的枷锁，而是创造并保持反抗的意义，使调和的神话成为不可能。那一次次的起义注定要失败却在所不惜，这些尝试希望通过它所创造的整体处境使自己合法化。这也是斯坦贝克[1]的小说《胜负未决的战斗》的意义所在，小说中一位共产党头目毫不犹豫地发动了一场代价高昂的罢工，他并没有成功的把握，但通过罢工，促进了劳动者之间的团结，提高了劳动者对所承受的剥削的意识，令他们产生了拒绝剥削的意志。

对于这个例子，我觉得对比多斯·帕索斯[2]在《一位年轻人的奇遇》中所说的辩论，也许很有意思。在一场罢工以后，数名美国矿工被判处了死刑。他们的同伴设法让案件重审，于是建议了两种方法：一是通过官方渠道行事，人们知道，这样做

---

[1] John Steinbeck（1902—1968），美国作家，一九六二年获诺贝尔文学奖。
[2] John Roderigo Dos Passos（1896—1970），美国诗人、小说家和剧作家。

胜算的机会会很大；二是打一场轰动性的官司，由共产党来操办诉讼案，发起一场舆论宣传，并争取国际的请愿活动；但是法院并不向这种恫吓让步。共产党通过这件事做了一个巨大的广告，但矿工们最终会被判处死刑。在这里，善良的人该做出怎样的决定呢？

多斯·帕索斯的主人公选择了挽救矿工，大家觉得他做得对。诚然，如果要在整个革命事业和两三个人的生命之间做出选择，任何一个革命者都不会犹豫；但这里只是为了给党做宣传，或是为了让该党在美国内部有更多的发展机会；共产党在该国的眼前利益仅仅以假设的方式与革命的利益相联系；实际上，像战争这样的灾难已经扰乱了世界的形势，致使过去的大部分胜利和失败都被清扫一空。如果革命运动想要服务的是人的话，那么在这里它就应该珍惜三个具体的人的生命，而不是一个不肯定的和微弱的机会，即通过牺牲他们来更好地服务于未来的人类。如果革命运动觉得可以忽视这些生命，那么它就把自己归到了形式政治的那一边，更重视思想而不重视思想的内容；就是说它更喜欢让自己处于主观性中，而不注重它主张应对的目的。此外，在斯坦贝克所选择的例子中，罢工立即变成了对劳动者自由的召唤，即使失败了，罢工也已经是一种解放，而矿工们的牺牲则是一种欺骗和压迫；人们在进行欺骗，通过让矿工相信党正在设法挽救他们的生命，人们欺骗了他们，还欺骗了整个无产阶级。因此，在这里或那里，我们都会面对同样的抽象情况：一些人死去是为了让声称服务于他们的党实现有限的胜利；但具体的分析会让我们得出相反的道德的解决办法。

我们看到，我们所建议的方法在这一点上与科学的或美学的方法非常相似，它在每一种情况下都要使已经实现的价值与需要实现的价值相对立，使行为的意义和行为的内容相对立。事实是，与学者和艺术家相反，尽管政治所承担的失败部分更加丑恶，但政治家很少会为使用它而担忧。是不是还有一种权力的不可抗拒的辩证法不让任何道德获得自己的位置呢？伦理的担忧，甚至在其现实和具体的形式下，是否对行动的利益造成危害？人们无疑会反驳说，犹豫和担忧只会耽误胜利的到来。既然在任何成功中总有失败的部分，既然无论如何都要克服模糊性，为什么不拒绝意识到这些东西呢？在《行动手册》第一期里，一位读者宣称，人们应该是最后一次看到这样一位共产主义战士，他是"我们时代的不朽英雄"，人们应该拒绝存在主义所要求的令人疲劳的紧张；人们处在持久的英雄主义中，正在盲目走向一个坚定的目标；但人们就像那位拉洛克[①]上校，坚定不移地向前进，却不知道往哪里走。马拉帕尔泰[②]也叙述过，年轻的纳粹党员为了变得对别人的痛苦无动于衷，

[①] François de La Rocque（1885—1946），法国军官和政治家，建立法国社会党，曾追随贝当政府，后因反对与德国合作而被流放。
[②] Curzio Malaparte（1898—1957），意大利作家。

练习挖取活猫的眼睛；人们很难彻底避免模糊性的陷阱。但是，一个想要服务于人的行动应该反其道而行之，注意在行动的道路上别忘记人这个根本；如果行动选择盲目地完成任务，它将失去其意义或带有一种非预见的意义；因为确定目标不是一劳永逸的事，目标是在通向目标的整个道路上逐步确定的。只有警惕性能够延续目的的功效和对自由的真正肯定。此外，模糊性总是会表现出来；模糊性先是被受害者感受到，然后受害者的反抗或他的埋怨使模糊性存在，对暴君也产生一种模糊感；而暴君则想着怀疑一切，放弃或否认他自己和所有的目标；或者他固执己见，继续盲目地行动，加倍地犯下罪行，变本加厉地歪曲初始的意图。事实上，行动的人变成独裁者，并不是因为他遵守他的目标，而是这些目标必定是通过他的意志提出来的。黑格尔在《精神现象学》一书中指出了客观性和主观性之间这种难以理清的混淆。一个人只有使自己成为事业的一部分，他才能献身于这个事业；因为人要在事业中才能实现价值，而事业也是通过人来表达的，强权的意志在这里与慷慨没有什么区别。对某个个人或某个政党来说，当他选择要不惜任何代价取得胜利时，那么这个胜利就是他的目标。如果警官和瑜伽信徒能够实现融合，那么在行动的人身上就会发生一种自我批评，每时每刻都向他指出意志的模糊性，控制住他主观性的专横冲动，同时对抗着目的的无条件价值。但实际上，政治家喜欢攀登方便的山坡，在别人的痛苦上睡大觉或不把它当回事是轻而易举的；将一百个人投进监狱比从他们中间找出三个坏蛋要容易得多，而九十七个无辜者则遭了殃；杀掉一个人要比看住一个人容易得多；任何政治都要使用警察，而警察从职业角度出发，总是对个体怀有一种绝对的蔑视，喜欢为暴力而暴力。人们在政治需要的名义下所指称的东西，相当一部分应该是警察的一种惰性和粗暴行为。因此，应该由道德去攀登一个坡面，这个坡面不是命定的，而是自由地同意的；道德必须使自己有效，以便让原来容易的东西变得困难一些。在没有内部批评的情况下，就要由一个反对派来担任这个角色。有两种反对派类型。第一种类型是彻底拒绝由一个制度提出的目标：这就是反法西斯主义与法西斯的对抗，法西斯与社会主义的对抗。在第二种类型中，反对者接受客观的目的，但批判达到这一目的的主观运动；他甚至不希望改变政权，但他又觉得有必要进行一种对抗，使原样的主观性表现出来。通过这一做法，他既要求目标对手段有一种持续的反抗，同时又让手段对目标有一种持续的反抗。他应该警惕自己，不要让使用的手段去破坏他所期待的目标，而首要的是不能为第一种类型的反对者服务。但是，不管他的角色如何微妙，这角色都是非常必要的。确实，一方面，借口说解放运动会导致罪行与暴政，所以就反对解放运动，这是很荒诞的：因为如果没有犯罪和暴政，就没有人的解放；人们无法逃脱这种辩证法，即通过专政和压迫，使人们从自由走向自由。但另一方面，若任凭解放运动停留在某个时刻上,这也是犯罪,只有当这一时刻进入其相反状态时才能被人接受,应该阻止暴政和罪行胜利地扎根于世界中;争取自由的斗争是它们惟一存在的理由,人们应该保持对自由的鲜活肯定,以对抗这些暴政和罪行。

结论

　　如此的道德是否就是一种个人主义呢？如果人们这样理解，即道德赋予个人绝对的价值，而且只承认只有个人自己有权建立自己的生存，那就对了。如果古代的智慧、拯救生灵的基督教道德、康德美德的理想配得上个人主义这个名称的话，那存在主义道德就是个人主义。这个道德与撇开人而树立人类幻影的极权学说完全对立。不过，它并不是一个诡辩，因为个人只能通过他与世界和其他个人的关系来确定自己，他只有通过超越自身才能存在，他的自由只有通过他人的自由才能实现。他通过一个运动证明自己的存在，而这个运动像他的存在一样，喷发于他自己的内心，但可到达他的外部。

　　这个个人主义并不导致随心所欲的无政府主义。人是自由的；人可以在他的自由中找到自己的规律。首先他必须承担起自己的自由，而不是逃避它；他要通过一个建设性运动去承担自由：人们不能存在着而无所作为；他还必须通过一个否定的运动去拒绝对他的压迫和对他人的压迫。在建设中和在拒绝中一样，重要的在于从生存的偶然人为性中争取自由，也就是说回收那个起初在那里没有理由的既成事实，作为人存心想要的东西。这样一种征服永远也不会终结；偶然性总是会存在的，甚至为了肯定人的意志，人们被迫要让他不愿意的东西的丑行公布于世。但是这失败的部分就是生命的条件。人们在梦想消除失败时，不能不立刻梦想到死亡。这并不意味着人们应该同意失败，而应该同意与其进行不懈的斗争。

然而，这场看不见胜利的战斗是否就是一场纯粹的欺骗？有人会说，这里只有一个超验的诡计，这种超验将一个不断后退的目的抛向自己的前方，而自己则跟在自己后面追赶，做着永无止境的原地踏步；为人类而生存，就是停留在原地，通过将这种激烈的静止运动称作进步，人类将自身谎言化；我们的整个道德仅仅是在鼓励人类进行这项谎言的事业，因为我们要求每个人为所有其他人将生存确定为一种价值；难道这不就是要在人们之间组织一种同谋关系吗？这种同谋关系能够让他们用一个幻想的游戏去替代已知的世界。

我们已经尝试过反驳这个问题。要做出更好的回答，只有将自己放到非人道的、因此也是虚假的客观性地位上；在人类的内部，人们可以欺骗众人；谎言这个词的意义是相对于人们建立的真理而言，但人类并不能完全谎言化，因为恰恰是人类自己在创建区分真假的标准。艺术在柏拉图的眼里是一种欺骗行为，因为存在着思想的天空；但是在人世的范畴内，任何对人世的赞誉，只要已经做出，那都是真实的。但愿人们能够重视词语、形式、颜色、数学定理、物理定律、体育事迹、英雄主义等，但愿人们在爱情中，在友谊中，能够互相认可各自的价值，这样，物体、事件和人立刻就有了价值，绝对拥有。也许有这种情况，一个人拒绝热爱地球上的任何东西；他将证明这种拒绝，并且以自杀行为完成这种拒绝。如果他还生活着，不管他说什么，在他身上还是有一点对生存的眷恋；他的生命将取决于这份眷恋之情，它会为自己证明，因为它将真正地证明这个世界。

这种证明，尽管它通过空间和时间向整个宇宙开放着，但总是有限的。不管人们怎么做，都只能完成有限的成就，就像这个生存，它企图通过成就而建立自己，但死亡也对它进行限制。正是对我们自身有限性的肯定，无疑才给我们刚刚提到的学说蒙上朴素的外表，而在某些人看来，这是一种忧郁的感觉。一旦人们抽象地从理论上考察一个体系时，就会处于普遍性，即无限的层面上。因此对黑格尔体系的阅读尤其让人感到快慰：我记得在一九四〇年八月，我在国家图书馆那无人的环境中感到一种莫大的安宁。但是，一旦我走出那个体系来到街上，回到生活中，回到真正的天地空间，那个体系对我一点用处也没有：它奉送给我的，是以无限的色彩装扮的对死亡的安慰；我仍然希望生活在活着的人中间。我想，存在主义则相反，它不会向读者建议某种抽象的逃避所带来的安慰：存在主义不建议任何逃避行为。相反，只有在生活的真理中，存在主义道德才能得到证实，它将显示为人们能够告诉人类的惟一的拯救建议。为了自身的利益，笛卡儿对恶性聪明的反抗，即思考的芦苇面对压垮它的世界所表现的自负，都肯定了这一点，尽管有诸多局限，但通过突破这些限制，每个人都可以将自己的生存实现为绝对的生存。不管我们周围世界的体积有多么庞大，不管我们有多么的无知，不管即将到来的灾难风险有多大，也不管我们个人在庞大的集体中有多么弱小，应该说我们今天还是自由的，如果我们选择让我们的生存处于向无限性开放的有限性中，我们就是绝对自由的。而实际上，任何有过真正的爱情的人，有过真正的反抗的人，有过真正的欲望的人，有过真正的意志的人，他都知道，要对他的目的放心的话，并不需要其他外部的任何保证，这些情感的可靠性来自于人自身的激情冲动。有一句古老的谚语是这么说的："不管结果怎样，做你该做的事。"换句话说，结果与良好的意愿并不见外，意愿在自我实现中将以结果为目的。如果每个人真的做他该做的事，那么每个人的生存将得到拯救，而不用幻想一个天堂，即所有人在死亡中获得和解的那个天堂。

皮洛士与齐纳斯

献给这位女士

普鲁塔克讲述，一天，皮洛士①正在制订征服计划。他说："我们首先要征服希腊。"齐纳斯②问道："然后呢？""我们将征服非洲。""征服非洲以后呢？""我们将征战亚洲，征服小亚细亚和阿拉伯。""然后呢？""我们将远征印度。""那征服印度以后呢？"皮洛士说："啊，那我就休息了。"于是齐纳斯便说："为什么不现在就休息呢？"

齐纳斯似乎很有理智。如果是为了回到家里，又何必出发呢？如果终有一天要停止，又何必开始呢？然而，如果我事先并不决定要停止，我就更觉得出发徒劳无益了。"我就不说A，"一位小学生固执地说。"那是为什么？""因为说了A以后，就得说B。"他知道，一旦开始，就永远不能结束：说了B以后，接着就是整个字母表，所有音节，所有词汇，还有那么多书本、考试和职业生涯；每时每刻都有一个新的任务将他抛向前方，抛向另一个新的任务，永无休止。如果这事永无终

155

结，那又何必开始呢？即使是建造巴别塔的工匠都会认为，天是一块天花板，人们总有一天会造到天顶。如果皮洛士能够将其征服的界限延伸至地球的那边，星球的那边，遥远的星云那边，直到在他面前不停逃逸的无穷太空，那他的事业就更加荒诞不经了，他的努力将分散而去，永远也不能集中到某个目的上来。从思考的角度看，任何人类的计划都是不合逻辑的，因为只有指定了界限以后才能有计划，而这些界限，人们总是能够跨越它们，还以嘲笑的口吻自问："为什么到此为止？为什么不走得更远些？这又有什么用？"

本雅明·贡斯当[3]的主人公说："我认为，任何目的都不值得为它付出任何努力。"当思考的声音在那位青少年耳边响起时，他就经常这么想。作为儿童，他和皮洛士很相似：他东奔西跑，尽兴玩耍，从不问为什么，他所创造的物品在他看来天生就是绝对的生存，它们自身就附带着存在的道理；但有一天他却发现，他曾经拥有超越自己的目标的能力：目标不再存在；对他来说，存在的仅仅是些徒劳的事务，于是他就拒绝它们。他说："骰子已经做了假。"他以蔑视的眼光看着兄长们：他怎么可能相信他们的事业呢？这些全都是骗局。有些人选择

---

① Pyrrhus（前318—前272），古希腊伊庇鲁斯国国王，曾征战意大利、马其顿及中东地区，但不善统治，后战死。
② Cinéas（？—前272），古希腊雄辩家和政治家，皮洛士的大臣。他曾劝说皮洛士不要远征罗马。这段对话在历史上非常有名。
③ Benjamin Constant（1767—1830），法国政治家和作家。

了自杀,以结束这种可笑的圈套;而实际上这也是结束这种状况的惟一手段。因为,只要我还活着,齐纳斯怎么追问我都无济于事,任他去问:"然后呢?有什么用?"不管怎么样,心脏仍在跳动,手还能伸出去,新的计划仍在产生,推动着我向前迈进。智者曾经想从这种固执中看出人的一种迹象,一种不可救药的疯狂:但一种如此本质性的倒错是否还能称作倒错?如果不在人自己的身上寻找人类的真相,那么到哪里去寻找?思考并不能挡住我们自发性的冲动。

然而,思考也是自发的。人种植庄稼,建造房屋,征服敌人,他有欲望,他想去爱:总是有一个"然后"问题。也许从一个时刻到另一个时刻,他总是以清新的热忱投入到崭新的事业中;于是,唐璜抛弃一个女人,为的是去勾引另一个女人;但即使是唐璜,他也有感到疲劳的那一天。

皮洛士和齐纳斯之间的对话将重新开始,永无终结。

然而,皮洛士必须做出决定。他要么停下来,要么出发。倘若他停下来,那又能做什么?倘若他出发,走到哪里是尽头?

"应当耕种我们的园地。"老实人[①]说。这一建议并不能帮我们多少忙。因为什么是我的花园?有些人想要耕种普天下的土地;而另一些人却觉得一盆花土就已经太大。有些人毫不在

---

① Candide,伏尔泰哲理小说《老实人》的主人公。

乎地说:"在我们以后,反正是大洪水①。"而查理大帝在垂死时刻,看到诺曼底人的船队到来便哭泣起来。还有那位年轻女子,因为她的鞋子上有洞会进水,所以就气愤不已。如果我对她说:"这有什么关系?想想在中国,还有千百万人在饥饿线上挣扎呢。"她便更加生气地回答我说:"那他们是在中国。而眼下是我的鞋子破了洞。"还有另一位女子,她却为中国的可怕饥饿而哭泣;如果我对她说:"这跟您有什么关系?您又没有挨饿。"她会蔑视地看着我:"这跟我自己是否舒适有什么关系?"怎么知道什么东西是属于自己的?基督的弟子们曾经问道:谁是我的邻舍呢②?

因此,一个人的尺度究竟是什么?他能为自己建议什么目的?他会有怎样的希望?

---

① Déluge,指《圣经·旧约·创世记》中毁灭世界的大洪水,只有挪亚一家得以幸免。
② 出自《圣经·新约·路加福音》(10:29):那人要显明自己有理,就对耶稣说:"谁是我的邻舍呢?"

第一部分

老实人的花园

我见过一个孩子在哭泣,因为女看门人的儿子死了;起先,孩子的父母任他去哭,然后却感到很恼火。"这小孩又不是你的兄弟。"于是孩子擦干了眼泪。但这是一种很危险的教育。没必要为别人家的小孩去哭:也罢。但是为什么要为自家的兄弟哭泣呢?丈夫想去参加一次斗殴。"这不关你的事。"妻子拉住丈夫对他说。于是丈夫顺从地离开了。但就在几分钟以后,妻子想请丈夫帮忙,对他说:"我累了,我很冷。"丈夫已经自我封闭良久,完全处于孤独的中心,于是非常诧异地看着她,心想:"这事儿跟我有关系吗?"印度跟我有关系吗?再说,伊庇鲁斯跟我有什么关系?为什么要把这块土地、这个妻子、这些孩子说成是我的?我生育了这些孩子,他们就在这里,妻子就在我的旁边,土地在我的脚下:在他们和我之间不存在任何联系。加缪的局外人就是这么想的；他感到自己与整个世界无关，整个世界对他来说也完全是陌生的。人在不幸中常常会这样否认各种亲情关系。他不想经受这种不幸，盘算着怎样逃避它；他看看自己：一个无动于衷的躯体，一颗以均匀节律跳动着的心脏；有个声音说："我存在着。"不幸不在那儿。不幸在空无一人的房子里，在那张死人一般的脸上，在这些街道上。如果我回到自己的身心内，会惊讶地看着这些死气沉沉的街道，我说："这跟我都有什么关系呢？这一切对我来说什么都不是。"我再次变得无动于衷，心平气和。"那又改变了些什么呢？"一九四〇年九月，那位深居简出的小市民坐在他的家具中间就是这么说的。"人们照样吃着同样的牛排。"变化仅仅存在于外部：这些变化在哪方面与他有关系呢？

如果我自己仅仅是一个事物，那确实没有任何东西跟我有关；如果我将自己封闭在自己体内，那他人对我来说也是封闭的；事物那死气沉沉的生存就是分离和孤独。在世界和我之间不存在任何现成的纽带关系。我作为自然之中一个简单的已知物，没有任何东西是我的。如果我是一株植物，仅仅在某个地方生长过，那里就不是我的国家；那个建立在我身上却没有我的东西，它不是我的东西；被动地承载着房屋的那块石头，它不能够声称这房屋是它的。加缪的局外人拒绝所有的关系是有道理的，因为这些关系都是人们想要从外部强加于他的：没有一种关系是原先就有的。如果一个人对与物品形成的完全的外部关系感到满足，说"我的画作，我的公园，我的工人"，那是因为有一种契约使他对这些物品拥有某些权利，就是说他选择了让人诱骗；他想将自己的位置扩展到整个地球，使自己的存在膨胀到他的躯体和记忆的边界之外，而且还不冒任何行为的风险。但物品在他面前仍然是无足轻重的，是个外来物。而社会关系、组织关系、经济关系等仅仅是外部关系，并不能建立任何真正的拥有关系。

为了不冒任何危险而夺得那些并不属于我们的财富，我们还得借助于其他的诡计。那位心情平稳的市民坐在炉火边读报纸，当他看到一则攀登喜马拉雅山的报道时，便自豪地高呼："这才是人能够做的壮举！"他似乎觉得是自己登上了喜马拉雅山。在与自己的性别、自己的国家、自己的阶级和整个人类的认同之中，人可以扩大他的花园；不过他只能在言语中扩大这个花园。这种认同仅仅是一种空洞的愿望。

真正属于我的东西，那就是要能在其中辨认出我的存在，我也只能在我的存在所能介入到的地方辨认出它；为使一个物品归属于我，它必须是由我建立的：只有当我在总体上将它建立起来时它才完全属于我。惟一完整地属于我的现实，就是我的行为：一个不是用我的材料做成的作品，这已经是一个从不同方面脱离我的作品。属于我的东西，首先是我的计划的实现：如果我为夺取一个胜利进行过战斗，那么这个胜利才是我的胜利；如果一位疲劳的征服者为他儿子所取得的胜利而高兴，那是因为他想要的仅仅是一个能够延续他事业的儿子：这就是他的计划，并且还向计划的实现致以敬礼。正是因为我的主体性并不是惰性，不是向自身折服，也不是分离，恰恰相反，它是朝向他人的运动，所以我和他人的差别才得以消除，我才能把他人称之为我的什么；将我和他人联结起来的东西，只有我自己才能创造它；我能创造它，是因为我不是事物，而是我朝向他人的投射，是一种超越。而局外人不了解的正是这种权力：任何所有权都不是既定的；而对于世间外物的无动于衷也不是天生的：我起先并不是事物，而是有欲望、想爱、想要和行动的自发性。"这个男孩不是我的兄弟。"但是如果我为他而哭，他对我来说就不再是一个外人。是我的眼泪做出了决定。在我之前什么东西都没有决定。当基督的弟子们问基督：谁是我的邻舍？基督没有用列举的方法回答。他讲述了一位撒马利亚人的寓言。那位给被抛弃在路旁的人裹上大衣并救助他的人，就是这个人的邻舍：谁都不是谁的邻舍，人们通过自己的行为，互相变成各自的邻舍。

属于我的东西，首先应是我所做的事情。但是一旦我做了事，它就会离我而去，从我手中逃脱；刚才我所表达的这个思想，现在还是不是我的思想？为了使这个过去变成我的，就必须每时每刻将这个过去重新变成我的，并把它带向我的未来；甚至那些因为我没有建立它们，所以过会并不属于我的物品，我也可以通过在它们上面建立起某种东西而让它们属于我。我可以为一个我并没有参加的战斗的胜利而高兴，只要我把它当作我自己征战的起点。那幢我没有参加建造的房屋，如果我居住了进去，它就成了我的房屋，而我耕种的土地就是我的土地。我和事物的关系不是既定的，也不是固定不变的：我正在一分一秒地创造它们；某些东西在死去，某些东西正产生，而另一些东西在复活。它们在不停地变化着。每一次新的超越都重新向我提供被超越的事物；这就是为什么各种技术都是占有世界的方式：天空属于善于飞翔的生灵，而大海属于善于游水和航行的生灵。

所以，我们和世界的关系不是事先决定的；凡事由我们来决定。但我们并不能随心所欲地决定任何东西。我所超越的东西，它总是我的过去，就如那个存在于过去之中的物品；我的未来包裹着这个过去，未来不能脱离过去而建立。当我为中国人的苦难而哭泣时，他们就成了我的兄弟。但我们并不随心所欲地为中国人而哭泣。如果我从来没有关注过巴比伦，我不会突然地选择对有关巴比伦原址的最新理论感兴趣。如果我没有介入那个被征服的国家，我就不会有一种失败的感觉：我只能按介入的程度去感受失败。一个将自己的命运与国家的命运混淆起来的人，例如这个国家的元首，他面对失败时可能会说："这是我的失败。"一个在一块土地上生活、除了吃饭睡觉什么事都没有做的人，他在事件中看到的仅仅是习惯的变化。可能出现的情况是，人们通过一个新的事件，会突然意识到他们不觉中曾介入到事件中；但至少这些事件必须曾经存在过。与我有很大差别的东西并不能到达我身上，它们永远只能在我可能的范围内到达我身上。

因此，我们周围聚满了被禁止的财富；而我们时常为这种限制而发怒：我们希望整个世界都变成我们的世界，我们觊觎他人的财物。我认识的众多人中有一位年轻的女大学生，她依次企图进入运动员世界，球员世界，风情世界，探险者世界，政治家世界；她在这些领域中都小试一番，却不知道她仍然是一位渴望获得经验的大学生；她以为自己是在"增添生活色彩"；但把这些不同的时刻连起来，就形成了她的生活单位。一位知识分子将自己划到无产阶级的一边，但他并不能变成无产者；他是一位站在无产阶级一边的知识分子。凡·高画出来的画作是一种新的和自由的创造；但它永远是凡·高的作品；如果他想画出一幅高更的作品，那只是凡·高对高更的临摹。因此老实人的建议是多余的：我将耕种的总是我的花园，我将自我封闭其中直至生命结束，因为从我耕种它的那一时刻起，这个花园就成了我的花园。

要使世界的这一小块天地属于我，我必须真正耕种它。人的活动常常是懒惰成性；与其完成真正的行为，人们只满足于一些虚假的表象：旅行大马车上的苍蝇扬言，是它将马车拉上了山坡。跟着别人溜达，随便发发议论，拍拍照片，这不叫参战，不是远征。甚至还有一些行为否定它自己所定的目标：一位乐善好施的女士建立了一些机构，在贫困之中建立某种平衡，结果是她想让贫困持续下去，好让她继续缓解贫困。要得知什么是我的东西，必须知道我真正做的是什么。

因此我们看到，老实人想将我封闭在花园里，但我们不能给老实人的花园指定任何的尺度。这个花园并不是事先描绘好的，得由我去选择它的位置和边界。

说到底，既然这些边界与围绕我的无限相比微不足道，明智之举是不是将它们缩减到越小越好？事物越是狭小，就越是不让命运掌握它。但愿人能够放弃他的计划；但愿人们能模仿那位明白事理的小学生，像他那样哭着不说 A。但愿他成为因陀罗[①]神的同类，在竭尽全力后，在降服了可怕的妖魔后，便自我缩减到一个原子的体积，选择到世界之外去生活，在安静而又与世无争的水中，在一根莲花茎的中心逍遥自在。

瞬　间

如果我仅仅是一个躯体，阳光下的一块地方，或是度量我喘息的一个瞬间，那我就摆脱了所有的忧愁，所有的害怕，还有所有的遗憾。任何东西都不能让我激动，没有任何东西对我

[①] Indra，印度神话中的神，主司雷电和战争，是天神之王。

有什么重要性。我只专心于我的生命所填充的这一时刻:这一时刻是惟一可以触摸的猎物,一种在场。只存在这一时刻的印象。当然也存在一些空白的时刻,它们仅仅是充实时刻之间的连接组织:我们耐心地让这些时刻流逝;而在完美的瞬间,我们感到非常过瘾,十分满足。这就是阿瑞斯提普斯①的道德,贺拉斯"及时行乐"的道德,还有纪德《人间食粮》的道德。让我们背离掌控和征服的世界,不再制订任何计划,就待在我们家里,在我们享乐的中心静静休养。

但是,享乐是否一种休息?是不是只有在我们身上才能遇到?它是否能让我们满足?

"行了,别再演了,这没有刚才的好听。"曼多维公爵在《第十二夜》②开演时这样说。再好听的旋律,若是无休止地重复,就会变成刺耳的老调;最初很美的味道不久后会让我恶心;一种不变的享乐,很长时间保持原样,将不再被感受为一种完美:它最终会混同于一种完全的缺席。这是因为享乐需要有一个物品在场,相对于这个物品,我才感觉到我的在场。享受是物品和我自己在两者差别中的在场;但一旦将这个物品给了我,差别就随之消失;这个物品不再存在,重新又有一个惟一和虚无的存在,这就是无味和厌烦。有那么一个距离将我与

---

① Aristippus(前435—前356),古希腊哲学家,苏格拉底的学生,昔兰尼学派创始人,主张尽情享乐。
② *Twelfth Night*,莎士比亚五幕喜剧。

物品分开，让我能够向物品扑去，让我变成运动和超越，而一旦我消除了这个距离，物品与我的固定的统一就只能以事物的方式存在着。斯多葛主义者完全可以将快乐和痛苦安排在现实中，而这种现实对我来说是外来的，无足轻重的，因为他将现实定义为一种简单的状态，而我将被动地让这种状态在我身上永久延续。

但事实上，享乐在瞬间的狭窄脉石里不是一个僵化的既成事实。纪德对我们说，每一种快乐都会波及整个世界，瞬间会导致永恒，上帝就出现在感觉中。享乐不是与世界的一种分离，它假设我在世界中生存。但首先它要假设世界的过去，我的过去。一种快乐，由于它是一种更新的快乐，由于它是从时辰的同一背景中以更大的强度提升出来的快乐，所以就显得更加珍贵。但是，仅仅局限于本身的瞬间并不是新的瞬间，它只有在与过去关系的对比中才显示为新的瞬间；这种刚刚出现的形式，只有当承载它的背景本身是清晰的背景时，它才是清晰的。只有在阳光普照的道路旁边，阴影的清新才显得珍贵；停顿是累人的练习之后的一种放松；我站在山坡的高处，看着自己走过的路程，感到在我成功的喜悦中，是整个呈现在眼前的路程、是我行走的路程给这个休息赋予了一种价值，是我的饥渴给这杯水赋予一种价值；在享乐的时刻，聚集了整个的过去。我不仅仅是在凝视它：享受一个财物，就是要使用它，就是和它一起冲向未来。享受阳光，享受阴影，这就是在感受它们的在场,将这种感受当作一种慢性的充实;在我那放松的躯体内,我感到我的力量在再生:我休息是为了重新出发;在我回首走过的路程的同时,我还前瞻我即将要下的这些山谷,我在前瞻着我的未来。任何享乐都是投射。它超越过去,走向未来,走向世界,而这个世界是未来的固定形象。纪德在《意外事件》中说,喝一杯肉桂巧克力,就是品味了西班牙;让我们入迷的任何香味,任何风景,都会将我们扔向它的外面,扔向我们的外面。一旦缩减到自身,那只能是一种无力而陌生的生存;而一旦享乐重新回到自身,它就会变成讨厌的东西。只有当我走出自身,通过我所享用的物品,将自己的存在投入到世界中,才有真正的享乐。雅奈①向我们描述说,精神衰弱症患者即使在最精彩的演出前也只有一种无动于衷的感觉,因为在他们身上不会出现任何行动,盛开的鲜花不是让人采摘和闻味的,道路也不是让人走的:鲜花似乎是涂了颜料的金属,风景不过是些装饰物;不再有未来,不再有超越,不再有享乐,世界失去了它的整个厚度。

如果人要想回归自身,并从世界中解脱,他就必须放弃享乐。伊壁鸠鲁派信徒完全明白这一点,他们蔑视运动中的快乐,只宣扬休息的快乐,这是纯粹的禅心不动;更有甚之,斯多葛学派却要求智者放弃他的躯体。他们想,除了我纯粹的内

---

① Pierre Janet(1859—1947),法国哲学家、心理学家、医生。

在，没有任何东西是我的；我不再有外部的东西；我只是一个赤裸的在场，即使是痛苦也触及不到我，这是一个聚集在瞬间中摸不着的喷射，它只知道它生存着。于是在我面前不再有善与恶，在我内心不再有忧虑。我存在着，任何东西对我来说都不相干。

这样，那位赌气的孩子便退到一个角落，并且说："对我来说都一样。"但不久后他向四周张望，他开始躁动起来，感到很无聊。当生活缩回到自身内部后，它并不是平静的不动心，而是对无动于衷的担忧，这是一种对自身逃避的漠然，脱离自身的漠然，召唤他人的漠然。帕斯卡说："人们的所有痛苦都来自一件事，就是不知道待在一个房间里休息。"是这样吗？但如果人不能在房间里待着呢？如果人排除了所有的消遣，那么他就会处于一种东西的中心，即瓦莱里所说的"生活的纯粹厌倦"，而这种纯粹用瓦莱里的另一句话来说就是"瞬间地停止心跳"。

但是，谈论"消遣"，跟瓦莱里一起说它是从厌倦中心发现的"纯粹状态的真实"，这是否合适？黑格尔有力地指出，真实永远也不应该被设想为一种隐藏于外表深处的内在性；外表并不隐藏任何东西，它在表达；内在性和外在性之间并没有差别；外表自身就是现实。如果人仅仅是一个原子，一个不动的在场，他心中怎么会产生"世界是他的"这种幻觉？怎么会产生欲望和忧愁的外表呢？如果人意识到欲望和害怕，那么他就会有欲望,就会害怕。如果皮洛士的存在是一个"休息"中的存在,他甚至想不到要出发;然而他想到了:而一旦想到,他就立即出发了。海德格尔说,"人是一个远方的生灵";他总是在别处。世上不存在任何一个特殊点,能让人安全地说"这是我";人在组成上就被导向别的东西,而不是导向自身:他只有通过与不是自己的其他东西之间的关系才能成为自己。海德格尔又说,"如果人们将一个人缩减到瞬间的状况,他总是要比人们想象的要无限强大得多"。任何思想,任何眼光,任何倾向都是超越。这正是我们在考察享乐时所看到的情况:享乐囊括了过去、未来和整个世界。躺在山坡高处阴影中的人不仅仅躺在那里,躺在那块与身体接触的土地上:他还出现在他能看见的所有山丘上;他也作为一个缺席者出现在遥远的城市中,并为这种缺席感到高兴;即使他闭上眼睛,即使他试图什么都不想,他还是沉浸在一种不动的和无意识的燥热中,通过与这个燥热背景的对比而感觉到自己存在。他不可能以自身存在的纯粹自我性形式出现在世界中,而世界却不出现在他眼前。

正因为人是一种超越,所以他很难想象任何一种天堂。天堂就是休息,就是被废除的超越,一种事物自我供给的状态,一种不需要被超越的状态。那么,我们该做什么呢?为使空气能够让人呼吸,空气应该让位于行动和欲望,我们也应该超越它:但愿空气不是天堂。应许之地①之所以很美,那是由于它又许诺了新的诺言。静止不动的天堂只能给我们许诺永久的厌倦。皮洛士谈到休息,那是因为他缺乏想象力;回到家里,他会去打猎,他要立法,还会出征;如果他真的要停下来休息,他就只能是打哈欠。文学曾经多少次描绘过人在实现了热切希望的目的后的失望;然后干什么呢?人们无法让人满足,人不是一艘货船,可以温顺地让人装载货物;它的条件是要超越所有的已知事实;一旦达成,这个完美就成了过去,让瓦莱里所说的那个"永远将来的空洞"大开着。正像马塞尔·阿尔兰②或雅克·夏尔东③向我们描绘的那些热情的情人们:他们希望定居下来,以便永远处于爱情的中心,而不久后,当他们进入孤独的隐退生活后,他们还没有停止相爱,他们因失望而感到厌倦。"幸福就是这样!"《陌生的土地》的女主人公如是说。问题是,被缩减为即时的在场时,任何物品、任何瞬间对人来说都是微不足道的:就连人自身对自己来说也是微不足道的,因为如果他仅仅是个人,他也总是比过去的自己强大。体验一次爱情,就是通过爱情而投向新的目的:一个家庭,一个工作,一个共同的未来。既然人是投射,他的幸福和快乐也是一些投

---

① Terre promise,《圣经》中上帝赐给亚伯拉罕的乐土,也译作"希望之乡"。
② Marcel Arland(1899—1986),法国作家,法兰西学院院士。
③ Jacques Chardonne(1884—1968),法国小说家与散文作家。

射。发一次财的人会立刻想着再发一次财；帕斯卡说得很对，让猎人感兴趣的不是野兔，而是打猎本身。有的人为进入天堂而斗争，但他又并不希望在天堂里生活，人们对他进行指责是没有道理的：目的只有到了道路的尽头才是目的；目的地一旦达到，它又成为一个新的起点；社会主义者希望出现社会主义国家；但如果这个国家事先就已经给他建立了，他又会希望其他的东西：在这个国家中，他又会发明别的目的。一个目的，它总是一种努力的意义和结果；离开了这种努力，任何现实都不会是目的，而仅仅是一个应该超越的既成事实。这并不意味着像人们有时候所说的那样，只有斗争才是一切，而利害得失倒是无所谓；因为斗争就是为利害而斗争；如果去除了利害得失，那斗争就失去了任何意义和任何真理，它也就不再是一种斗争，而是一种愚蠢的原地踏步。

严肃精神主张将目标与确定目标的计划分开，并承认它本身的某种价值：严肃精神认为，价值观就在世界中，先于人而来到，没有人，价值也照样存在；人只需信手拈来。但从斯宾诺莎开始，再到黑格尔，就已经驱散了这种虚假客观性的幻想。有一种虚假的主观性，它通过一种对称运动，想将投射与其目的分开，将投射缩减为一种简单的游戏，一种消遣；它否认世界上存在任何价值；这就是否认人的超验，想将人缩减为其惟一的内存性。有欲望的人，理智行事的人，他在欲望中是真诚的：他想得到结果，在得到结果时排斥其他任何目标；但他得到结果后并不停止不前,也不是为了享受得到的结果:他得到结果是为了超越结果。结果的概念是模糊的,因为任何结果同时又是一个起点,但这并不影响它被确定为目标:人的自由正好处于这种能力中。

正是这种模糊性似乎允许幽默的人对事物进行讽刺。皮洛士出发后最终又回到家里,老式网球手将球投出又等着别人将球投回来,滑雪者爬上山坡又立即滑下来,这些难道不是很荒唐吗?这里不仅仅是目的逃避了,不同的目的又互相矛盾,而事业只有在自我毁灭中得以完成。

但是,幽默的人在这里也使用了一个诡计。他将任何人类活动都分解成基本的行为,这些行为的并列看上去是自相矛盾的;如果他通过分解找到了纯粹的瞬间,那么任何矛盾也就随之消失,只剩下一种无形的失调,一种纯粹的偶然,它既不让人出丑,也不让人惊讶。但他还是做了假;他拒绝整体的总体意义,却又在整体的中央保持着一些互相对抗的部分意义。人们说滑雪者爬上山坡只是为了滑下来:这就是接受他往上爬,往下滑,他的运动不是偶然地互相累加,而是瞄准山坡的顶点或是山谷的谷底;人们会说还存在一种综合的意义,任何要素都朝着这种综合意义去自我超越;拒绝去考虑一个更为广泛的整体,使上坡和下坡向着一次散步或一种操练去自我超越,这纯粹是一种任意的决定。做出决定的不是幽默的人,而是滑雪者。皮洛士出发后又回到家里,这是很荒唐的事。但正是幽默的人在这里引入了目的论；他没有权利去延长皮洛士的计划，延长到皮洛士结束计划之后；皮洛士出发不是为了回到家里，而是为了征服；这个事业并没有矛盾。一个计划完完全全就是它决定要成为的样子，它有其自我给定的意义：人们不能从外部给它下定义。计划是不矛盾的，它一旦存在就是可行的和协调的，而一旦有一个人让它存在它就会存在。

因此，对人来说，明智之举就是不要回缩到自己身上。当智者向他的信徒们建议休息静止时，他提出建议本身就是在自我否定：他更应该缄口不言；他也不应该招纳信徒。伊壁鸠鲁宣扬不动心观念；但他还是宣扬了；他宣扬说必须进行宣扬，他宣扬的是友谊。斯多葛派信徒并不让自己拘谨在无所谓的自由中，处于无用的自由中：他向所有的人传授其自由的权力。甚至当智者不再高呼"沉默是金"时，他也永远不能将自己保持在自己的中心，也不能将世界保持在自己的周围，对二者不做任何区别：他可以不在乎吃饭或是饿肚子，不在乎统治一个帝国或生活在一只木桶里①，但他必须做出选择：吃饭或是饿着，当国王或是退位。这便是任何转变观念的行为所表现出的令人失望的特征：我觉得我的超越运动毫无意义，但我又不能

---

① 据说，古希腊哲学家、犬儒派代表人物第欧根尼住在一个木桶里。一天，亚历山大大帝前来拜访，问他需要什么。第欧根尼回答："我希望你站到一边，不要遮住我的阳光。"亚历山大大帝后来说："我若不是亚历山大，我愿是第欧根尼。"

阻止它。时间继续流逝；一个个瞬间将我推向前方。我这下明智了起来：我现在该做什么？我生活着，即使我觉得生活是荒诞的，就像阿喀琉斯那样，尽管芝诺颇有微词，却继续追赶那只乌龟。

每个人都能决定他在世界中所占据的位置；而且他必须占据一个位置，他永远也不能从中脱离。智者是众人中的一个，他的智慧本身就是他自身的投射。

无　限

为什么老实人做出选择，不给他的花园指定任何边界？如果人永远在别处，那他不就是随处都在么？他被膨胀到世界的边缘，所以通过自我的收缩，他将了解他所寻找的休息。如果我到处都在，那我还往哪里去呢？运动将在这里取消，就如同我哪里都不在一样。"这小孩又不是你的兄弟，"那对父母对他们过分敏感的儿子说，然后他们又补充说，"你总不能哭一辈子呀。世界上每天都有成千上万的孩子死去。"我们不能哭一辈子：那干吗要哭五分钟？不能为所有的孩子哭泣，那干吗要为这个孩子哭泣？如果所有的人都是我的兄弟，那就没有一个人仍然特殊地是我的兄弟。将我与世界的关系无限扩展，这是一种否认关系的方式，否认将我与这一特定时刻联系起来的关系，否认将我与地球上这一特定角落联系起来的关系；我不再有祖国、朋友和亲人；所有的形式都在消失，被吸收在普遍的背景中，其在场无法与绝对的不在场相区别。这里也一样，不再有欲望，没有害怕，没有苦难，没有欢乐。任何东西都不属于我。永恒与瞬间相结合，这是同样赤裸裸的人为性，也是空白的内在性。如果说那位拒绝世界并否认自身超越性的精神衰弱症患者，他常常被这个世界的无人称的无限性的想法所萦绕，这无疑不是一种偶然：一根铁针，一张地铁票，会使他梦想到地球上所有的铁针，所有的地铁票；他被这种扶摇直上的多样性弄得头晕目眩，于是待着一动不动，既不使用他的铁针，也不使用他的地铁票。

在斯多葛主义中，人们看到这两条道路是怎样殊途同归的；如果智者被缩减为一种纯粹的存在喷发，而存在又回落到自己身上，那么他就同时与普遍的和谐混为一体。命运无法对我进行任何控制，因为没有任何东西可以处在我的外部。我自己本身将消失在普遍性的中心：一旦扩展到无限，我在世界中的位置将随之消失，如同我成功地将它装进一个无维度的一点中那样。

问题是这种让我认同于普遍性的努力立刻会遭到反驳。我无法肯定说这就是普遍性的在场，因为正是我自己在肯定：我在肯定中让我存在；是我在存在着。正如我通过面向与我不同的事物，将自身与我的纯粹在场区别开来一样，我也通过我面向该事物的事实，与我所面向的不同事物区别开来。我的在场存在着。它打破了这整个无差别质量的统一性和连续性,而我本来是想在这种无差别中吸收我的在场。斯宾诺莎的存在鲜明地否定了斯宾诺莎主义的真实性。黑格尔说个体性仅仅是普遍未来的一个时刻,这也无济于事;作为没有被超越的事物,这个时刻没有任何现实性,它甚至不应该以表面形式而生存,甚至不应该被命名;如果命名问题存在,将给它带来一个真理,即显示为反对任何超越的真理。在一切事物中,不管太阳和人的真理是什么,太阳的外表对人来说是以一种不能缩减的方式存在着的。人既不能逃脱他自己的在场,也不能逃脱其在场在他周围所揭示的特别世界的在场;甚至他为逃离地球所作的努力也只是在为他挖掘一个位置。斯宾诺莎主义决定斯宾诺莎,黑格尔主义决定黑格尔。当福楼拜大体这么写道:"我为什么要更加关注今日的无产阶级,而忽视古代的奴隶呢?"他这时以为找到了普遍性;但他既没有逃脱时代的限制,也没有摆脱阶级的局限;相反,他作为一名十九世纪的有产者,其财富、休闲和虚荣掩盖了他与时代的紧密关系。

人既不能无限地缩减自身的存在,也不能将自身的存在无限地膨胀;他永远不能获得休息;然而,不能将他带向任何地方的运动又是什么呢?人们在行动的秩序中和在思辨的秩序中一样,遇到了同样的二律背反:任何停顿都是不可能的,因为超验是一种持久的超越;但是,一个无限的投射是荒诞的,因为它不能导致任何结果。人在这里幻想一种对称的理想，即思辨思想称之为无制约上帝的那种理想，人要求一种无制约的行动结果，即一种不能被超越的结束，这个终点即是无限的，也是完成的，而在这个终点中，人的超验将无限制地恢复冷静。人不能够认同于无限。但从他特别的处境内部出发，他是否能使自己走向无限呢？

上　帝

"这是上帝的旨意。"这个格言使十字军战士不受齐纳斯问题的困扰。基督教战士的征战，如果是上帝的意愿，就不会像皮洛士的征战那样是一种徒劳的奔波。人不能超越上帝的意愿；在上帝那里，人能够找到自己的最终目标，因为在上帝以外不会有任何东西。神灵存在的必要性全面体现在这些则以神灵为目标的行为上，从而永久地拯救人们的努力行为。然而上帝究竟想要什么呢？

倘若上帝是存在的无限性和完美性，那么在他身上，投射与现实之间就没有距离。他想要的就是存在，他想要的就是存在的东西。上帝的意志就是存在的不动摇的基础；我们目前勉强还可以称之为意志。这样一位上帝不是一个特别的人：他是普遍存在，是不变和永恒的全部。而普遍存在却是寂静。它不要求任何东西，不承诺任何东西，它不要求任何牺牲，既不施行惩罚也不分配赏赐，它既不能评判任何东西，也不能判决任何东西，人们无法在普遍存在上建立乐观，或是失望：它存在着而已，除此之外，人们再也没有其他什么东西好说的。上帝存在的完美性不会向人让出任何位置。自我超越为一个客体，就是建立这个客体；那么怎样来建立一个已经存在的东西呢？倘若上帝是从整体上既定的，人就无法自我超越为上帝。人仅仅是存在表面一个无足轻重的事故：人存在于地球上，就像茫茫沙漠中迷失方向的探险者；他可以向右行走，也可以向左行走，他想上哪儿就可以走向那里：结果他哪儿也永远去不成，流沙将覆盖他的脚印。倘若他想给自己的行为赋予一种意义，他就不应该与这位无人称的上帝交涉，不能找这位冷漠无情和完美无缺的上帝；他的格言应该是德廉美修道院①三角楣上的格言："做你想做的事。"如果上帝想要所有存在的一切，那人就可以随心所欲地行事。"当人被掌握在上帝的手中时，人就不必为自己要做的事感到担忧，也不用对做过的事感到内疚，"这是十二世纪阿马里科异端教派所说的话，其教徒整日以快乐的狂欢打发日子。

教会以庄重的仪式烧死了这些阿马里科教徒。然而还是存在一种基督教自然主义，它将上帝的恩惠推广到整个地

---

① Abbaye de Thélème，法国作家拉伯雷（François Rabelais，1494—1553）的小说《巨人传》里的乌托邦。

球；例如我们可以在克洛岱尔那里找到回音；一切都来自于上帝，所以一切都是好的；人用不着离开地球，他甚至很难在自己心中歪曲这个第一目的地，因为人是上帝的造物。要作恶是很困难的，因为存在的东西就是好东西。但一个正统的基督徒会避免走到这一思想的尽头。"喂！亲爱的夫人！"那位既懂社交又贪吃的神父一边往桌上坐一边说，"上帝如果不愿意让我们吃这些好东西，那他还会创造这些东西吗？"但他却精心地忘记了一点，即上帝还创造了女人。有一位老夫人，她不顾颜面地拒绝将黄油涂到带壳鸡蛋上。她说："仁慈的上帝怎么做的，我就怎么吃。"然而她却把手伸向了盐瓶。

克洛岱尔写道："我们是根据上帝的整个事业来祈求上帝的。上帝所做的任何事情都不会白费，任何事情都与我们的拯救息息相关！"如果说上帝的整个事业都是好事，那是因为他的整个事业都对人的拯救有用；因此这个事业本身并不是一个目标，而是一个手段，这个手段将从我们对它的使用中找到证明。那么我们怎样才能知道，香瓜真的是专门为了全家一起吃而创造的？也许它被创造后并不是为了给人吃的；也许这个世界的财物只有在人能够拒绝它们时才是好东西；因此，圣西西的方济各①能够笑对世界而不享受它。在

---

① Saint François d'Assise（1182—1226），方济各会创始人。

克洛岱尔的《缎子鞋》中,考古学者对那不勒斯的副国王说:"在万事万物中,您有的都是赞誉声。但当我看到您一样也不使用时,我很生气。"然而副国王不使用的这些财富,他会把它们赠与别人,而赠与一样东西,就是使用它的一种方式;苦行是享受的一种形式;无论怎样,人是会使用人间财富的,因为人只有通过这些财富才能完成救赎或堕落。因此他必须决定怎样去使用这些财物。他的决定并没有铭刻在物品上,因为对物品的任何使用都是超越,而超越在任何地方都不是自成的;超越并不存在,它必须让事物存在。那么它必须让什么东西存在呢?

基督徒会说,它必须根据上帝的旨意而让事物存在。

这样,人们便放弃了任何的自然主义;没有什么比美德更好,邪恶就是原罪;而美德,就是对神灵要求的服从。在上帝身上有要求;他等待人将自己归宿于他;上帝创造人,为的是让一种生灵存在,这个生灵并不是一个已知物,他必须根据造物主的意愿去完成自己的存在。上帝的旨意好像就是一种召唤,呼唤人们走向自由;它要求某种还不存在、但必须让它存在的东西:这种旨意便是一种投射,它是一个需要存在的生灵的超验,但这个生灵尚不存在。于是在上帝与人之间就需要有一种关系;既然上帝还不完全是他需要的存在,人就可以建立这个存在;人会找到自己在这个世界中的位置,进入与上帝相关的处境;而上帝似乎也进入了与人相关的处境。德国神秘主义者西勒辛①写道:"上帝需要我,正如我需要上帝。"他所要表达的就是这个意思。基督徒面对的是一个人性化的上帝,一个活生生的上帝,这样他才能为上帝而行动;但在这个意义上,上帝不再是绝对、普遍;上帝将是黑格尔所说的那个否定的无限,他让有限在自己的面前存活下去,有限似乎与他相分离。上帝对人来说是一个邻舍。

这个确定的和特别的上帝,他可能会满足人类对超验的向往;这实际上也许就是一个具体的生灵,一个已经完成的、封闭于自身的生灵,因为他已经存在,而同时,他又是无限开放着的生灵,因为他的生存是一种永无止境的超验;他是不能被超越的,因为他自身就是一个永久的超越;人只能陪伴他的超验,而永远也不能超越他。一旦我完成了上帝的意志,一个新的意志将立刻抓住我;永远也没有任何的"然后呢?"。

问题是这个上帝的意志不再铭刻在事物上,因为这个意志不再是存在物的意志,而是应该存在的事物的意志。它不再是所有事物的意志,人必须发现它那特别的面孔。想要上帝的意志:这个纯形式的决定不足以支配人采取任何行动的命令。上帝是否想过要让信徒去屠杀不忠者呢?让信徒去焚烧异教徒呢?或让信徒去宽容异教徒的信仰呢?上帝是否想要让信徒去打仗或签订和平协议呢?上帝想要资本主义还是社会主义?永

---

① Angelus Silesius(1624—1677),德国神学家与诗人。

恒意志那暂时的和人性化的一面又是什么？人希望自我超越为上帝；但他永远也只能在内在中自我超越；他只有在这个世界上才能完成他的救赎。在人间的众多事业中，哪一个事业能将他提升到天国呢？

信徒说："请听上帝的声音！他会亲自告诉我们他所期待于我们的东西。"但是这样一种希望是很幼稚的。上帝只有通过人间的声音才能表达，因为我们人的耳朵听不到任何其他声音；那么怎样才能辨认出上帝那神圣的声音呢？人们可以向一个女幻觉者询问，她用神秘的波与上帝说话，充当对话者。女幻觉者谨慎地说："他说他是上帝，可我并不认识他。"摩西完全可以不信任炽热的树丛中发出的声音，或在西奈山高处发出的轰隆声。当声音从云层深处喷出，从教堂里传出，从忏悔者嘴里说出，超验者总是要通过一个世界中内在的在场才能自我表现；我们永远都很难抓住他的超验。甚至在我的心里，我听到的这个命令也是模糊的；这里也正是亚伯拉罕焦虑的根源，克尔恺郭尔在《恐惧与战栗》一书曾经描述过这一点；谁能保证这不是恶魔的诱惑，或是我的傲慢在作祟？这是不是上帝在说话？谁能分清圣人与异教徒？卡夫卡在《城堡》一书中就描述过这种不确定性；人可以接收到神的启示，甚至见到神的使者。然而这个使者会不会是个骗子？他自己知道是受谁的差遣吗？他在半路上是否已经忘记了启示的一半内容？他交给我的这封信是不是真的？它的意义又是什么？弥赛亚说他是弥赛亚,而假的弥赛亚也会这么说:谁来将他们两个一一分清呢?

人们只能通过他们所做的事来辨别他们。但是我们怎样考察这些事是好是坏呢?我们将以人类善事的名义来作决定。因此,任何主张通过神灵的超验来自我证明的道德将以这种方式行事:道德会提出一个人类的善事,并肯定它是上帝所希望的,因为它是一件善事。克洛岱尔断言,应该重视秩序而不要无秩序,因为秩序存在着,而无秩序是对存在的否定;还因为秩序本身要高于无秩序,所以我们认为秩序是符合上帝意愿的。但克洛岱尔忘记了一点,即斯宾诺莎和柏格森曾经指出过的,正是人的观点使得秩序显示为秩序;克洛岱尔的秩序是否就是上帝的秩序呢?有资产阶级秩序,有社会主义秩序,有民主秩序,也有法西斯秩序;每个秩序在敌对方看来都是无秩序。任何社会总是声称上帝在它一边:它会按照自己的形象去重塑上帝;实际上是这个社会在说话,而非上帝。而如果我转向自己,向自己提问,我只听到我自己内心的声音。天主教教会和新教个人主义者完全有权利指责对方把自己个人信念的回声当作神灵的启示。无论是在我外部还是在我的内心,我能遇见的都不是上帝本身;我在人世间从来看不到任何天国的印记;如果说有天国的印记,它也是画出来的,是人世间的。人不能通过上帝来阐明自己,而只能通过人试着阐明上帝。只有通过人类,上帝的召唤才能永远被人听到,只有通过人类的事业,人才能对上帝的召唤做出回应。如果上帝存在,他将无力引导人类的超验。人只有在众人面前才能身临其境,而天国深处的这种在场或不在场跟人毫无关系。

人　类

我们必须转向人类。我们起先在天国寻找的绝对目标,难道不是可以在人类本身中找到吗?毫无疑问,如果我们把它看作封闭于自身的目标,看作有朝一日应该达到的一种平衡不变的状态,或应该在死亡中自行消灭,那我们就可以超越它而走向虚无,可以焦虑地自问:"然后呢?"如果我们像拉福格[①]一样,想象转动着的大地球体冰冻在寂静的以太[②]中,我们有什么必要为暂时居住于此的动物群落而操心呢?当然这里是诗人、学者或教士的观点。没有任何东西能让我们断言人类永远不会灭绝;我们知道人都是要死的,而不是说整个人类应该死掉。而如果说人类不会消亡,它也永远不会停留在某个台阶上,它将不断地成为对自身的一种超越。然而,如果我们仅仅考察这一进程的无限性特征,即一代人接替另一代人后,结果还是自行消亡,我们似乎觉得再参与其中将徒劳无益;我们的超验将消失在时间那无法控制的流失中。但是人类并非仅仅是

---

① Jules Laforgue(1860—1887),法国诗人。
② Éther,古希腊哲学家设想的一种传播媒质,是电磁波传播所需的"绝对静止"的参照系,后来被相对论所否定。

这种无休止的分散：他是由有血有肉的众人构成的，他有一段特别的历史，一个确定的形象。为了让我们安全地朝着他超越，他应该同时以两种面貌呈现在我们面前：开放的，同时也是封闭的；必须使人类与其存在分离开来，以便人类能够通过我们去实现这个存在，然而这个人类是存在着的。有些人向我们建议要崇拜人类，因为在他们眼中人类就是这样。人类永远不会完成，他在不断地向未来投射，他是对自身的一种持久超越。从人类中不停地发出一种必须回应的召唤，在人类身上不停地开挖着一个必须填补的空白：通过每个人，人类无止境地寻求与其存在相会合，而其存在本身也就在这个寻求中。我们的超验永远也不能超越它，而只能陪伴它；然而它在每一个瞬间都是被完全紧紧抓住的，因为在每个瞬间，人类是存在着的。

然而，人类是否真正存在呢？人们是否可以谈论一个人类呢？毫无疑问，人们总是可以给全体人取一个集体称呼，但这将是从外部来考察他们，把他们当作由他们占据的空间所统一的物品；这种集体只能是一种有智慧的动物群；面对这个固定在其全部存在中的已知物，我们将无所作为。为了使我们能够为人类而行动，人类必须向我们请求某种东西；它必须拥有一种统一性，拥有作为寻找自我实现的总体性，而且只能以一种声音向我们召唤。

人类正是在团结一致的神话中建立了这种形象。在四肢与五脏六腑的著名寓言以后，人们常常将众人再现为一个机体的不同部分；为其中一人工作，就是为大家工作。或许存在一种自然的布局，根据这个布局，每个人的位置都是根据其他人的位置而确定下来的。但这里是用外部性的术语来定义人的；为了在世界中占据一个确定的位置，人自己首先应该被确定：真是十足的被动。人也许不质疑他行为的目的，他也许不行动。然而他还是行动了，他发问了：他是自由的，而他的自由就是内部性。他怎样才能在地球上拥有一席之地呢？人通过将自己投向世界而占据位置，通过自身的投射使自己在众人中间生存。年轻人常常会焦虑：怎样进入这个圆满呢？大海并不缺少任何一滴水。在人类出现之前，人类完全是圆满的，如果年轻人死去，它也会同样圆满。人既不能让它减少，也不能让它增加，就像一个点并不能增加线段的长度；人一点也不感到自己是精确机制中的一个齿轮；相反他似乎觉得，世界上没有一个角落能够容纳他：他在哪儿都是多余物。而实际上，他的位置并没有事先标记为一种空穴，一种不在场：他是事先到来的；缺席并不先于在场，是存在先于虚无，而只有通过人的自由，生灵的心中才能出现空虚和缺失[①]。

确实，人们让这个空虚每时每刻出现在自己周围；在超越已知物走向即将到来的圆满时，他们将现时确定为一种缺失；

[①] 见萨特《存在与虚无》，第三十八页及以下数页。——原注

他们不断地等待某样新的东西：新的财物，新的技术，社会改革，新人类；而年轻人在他周围听到的则是更为明确的召唤：人们每年都需要一定数量的公务员、医生、装配工，地球上缺乏人手。他可以溜进这些空缺的一处，然而没有任何一个空缺是完全为他准备的。他可以变成人们期待的新人类中的一个：但是人们期待的新人并不是他；另一个人完全可以做得不比他差。每个人所占据的位置总是一个外来的位置；人们所吃的面包总是他人的面包。

此外，如果我等待其他人给我一个位置，我将不知道把自己摆在哪里：其他人的意见也互相不一致。国家缺少人手，得由国家去决定；而在邻国的眼中，这个国家已经人满为患。社会需要公务员去保持它的常规运转；但革命却需要战士去颠覆这个社会。一个人只有在其他人眼里变成一个已知的物体时才能找到自己的位置；而任何已知物都注定要被超越；人们通过使用它或与其战斗而超越它。只有当我变成他人的障碍时，我才能成为他人的工具。为所有人所用是不可能的。

战争、失业、危机等很好地显示了在人们之间不存在任何的先定和谐①。人们事先并不互相依存，因为事先他们并不存在：他们需要让自己存在。各人的自由既不是统一的，也不是

---

① Harmonie préétablie，德国哲学家莱布尼茨（Wilhelm Gottfried Leibniz, 1646—1716)的一个概念。

对抗的；而是截然不同的。一个人只有将自己投射到世界中，才能在给周围的人定位的同时自由定位。于是便产生了团结互助；但是一个人不可能和其他所有人团结一致，既然其他人的选择是自由的，那他们就不会选择完全相同的目的。如果我为无产阶级服务，那我就要与资产阶级进行斗争；战士只有通过杀死敌人才能保卫自己的国家。而阶级和国家只有在一致对抗的时候，才能确定为一个整体。只有在反对资产阶级的斗争中才有无产阶级；一个国家只有通过它的国界才能存在。如果取消对抗，总体也就解体了，剩下的只有一种由分散个体组成的多样体。人们在朝向无产阶级的超越中，不能够同时朝向整个人类进行超越，因为朝向无产阶级进行超越的惟一方式，就是要与无产阶级一道进行自我超越，以对抗人类中的另一部分。那是否可以说，与无产阶级一道朝向未来的人类进行超越，那时的人类中阶级分化将被取消呢？但那首先要剥夺一代或数代人的权益。人们的工作总是支持一些人，而反对另一些人。

然而，人们是否可以超越这些对抗而期待一种更高境界的和解呢？那些特别的牺牲，它们是否能够自己在整个通史中找到一个必要的位置呢？进化的神话想用这个希望来引诱我们。它通过暂时的分散而许诺完成人类的统一。超越在这里以进步的面目出现。在每个人身上，在人的每个行为中，都打上了人类过去的烙印，而这个过去又会立刻完全地被超越到未来。发明家在对过去的技术进行思考后，会发明一种新的技术，而依靠这个跳板,下一代人将发明更好的技术;发明家所赏识正是自己在未来人类中成功的计划,而这个未来人类也只有依靠发明家才能超越他。尼采在《快乐的科学》一书中写道:"那些在我们以后出生的人,正因为我们才属于一个更高层次的历史,而到我们为止还没有任何历史比这个历史层次更高。"这样,人类的超验将在每个瞬间中被紧紧抓住,因为在每个瞬间中,前一个瞬间将被保留;而超验并不固定在任何一个瞬间中,因为进步将永远不止。

问题是,进化的思想会假定人类有一种连续性;为使一个行为在时间中延续,就像波在以太中传播那样,就必须使人类成为一个顺从和被动的环境;那么人为什么还是要行动呢?

倘若我的儿子是一个确定的生灵,他毫无抗拒地忍受我的行动,那我也就确定下来,我不再行动;如果我是自由的,我儿子也就是自由的。但这时我的行为就不能代代相传,就像在平静的水面上一滑而过那样:在这个行为之上,其他人会继续行动。人类就是一个时断时续的自由人的连续,将人的主观性无法挽回地分离开来。

投向世界的一个行为,并不像古典物理学中的波那样,会在世界中无限地传播;这里更像是新的波动力学提供的形象:即一种新的经验能够确定概率波及其传播方程;但这种波并不能预见后续的经验,即向世界揭示新的数据,并从这些数据出发,重新构建新的波。行为并不会在我们完成它的时刻停止,它会逃离我们奔向未来；但它又会在未来中立即被外来的意识所捕获；行为对他人来说永远也不会是一种盲目的束缚，而是一个需要超越的已知物，是他人超越它，而不是我。从这个固定的行为出发，他人自行投向一个我并没有为他勾画的未来。我的行动对他人来说仅仅是他人自己将它变成的那个东西：我怎么能事先知道我所做的是什么？而既然我不知道，我怎么能向自己提议为人类而行动呢？我为明天的人们建造一幢房子；他们也许会住进去；但这幢房子也许会阻碍他们去建造未来的建筑；他们也许会将就着居住，也许会拆除它，也许当他们居住这个房子时，房子却倒塌在他们身上。如果我为这个世界生出一个孩子，他也许将来变成一个坏人，一个暴君；只能他自己才能决定；他的孩子的孩子也为自己做决定。那么我是为人类在孕育后代吗？在观察了他们行动的无法预料的结果后，人们曾经有多少次惊呼："我不是故意的！"诺贝尔以为他在为科学而奋斗；实际上他却为战争而奋斗。伊壁鸠鲁并没有预见到后来人们所称呼的伊壁鸠鲁学说；尼采也没有预见到尼采主义的产生；基督也没有预见到宗教裁判所。人用双手制造的一切立刻被历史的潮起潮落冲走，每时每刻都有新的模式出现，在自己的周围激起千万个出乎意料的旋涡。

然而，在某些目的上，人类的自由会协调一致。如果我自告奋勇去照亮人类，增加他控制自然的权力，改善他的卫生状况，我行动的命运不是很有把握吗？一位学者如果能给科学的大厦带来一块小小的石头，那他也会非常高兴；这块小石头将永久地停留在它应处的位置上，永恒将无限扩大它的体积。

确实，人们在科学上协调一致，因为一种思想只有在所有人都对它协调一致的时候才具有科学性。那么，为这种思想而奋斗，不就是为人类而奋斗吗？每个发明都为人们确定了一个新的处境；为了明确发明是有用的，它所创造的处境就应该比以前的处境更加美好。从总体上讲，进步的思想要求作这样一种比较。那么，人们能否比较人类的各种处境呢？说世界上有五千万人也好，有两千万人也好，人类照样是那样地拥挤；人的内心总是有这种"永远向往未来的空洞"，阻止人类有朝一日变成天堂。如果人类能够被当作一个不可能超越的目的来看待，那是因为他本身就没有对任何目的进行过限制；他通过自己的冲动而提出各种目的，而这些目的每时每刻却又在他面前后退。这不，本来我们觉得是拯救的许诺，一下却变成对抗我们希望的东西：任何科学技术，任何一种行动都无法让人类接近这个运动着的目的。不管创造了什么处境，它立即就成为必须超越的已知物。大众语言中说这是"功成名就的人"。成就了什么呢？人们永远也不会在什么地方成就什么。只存在一些起点。人类从每个人那里获取一个新的起点。因此，当一个年轻人在世界中寻找他的位置时，总是不能一下子就找到，他觉得自己是被遗弃的人，无用的人，不能证明自己的人。他从事科学研究也好，创作诗歌也罢，或是制造发动机，他是在自我超越，他在超越已知的处境；但他并不是为了人类而超越自己：而是人类通过他来超越自身。这种超验不是为任何目的：它存在着而已。每个人的生命，整个人类似乎每时每刻都是绝对无动机的，没有人提出要求，也没有任何东西发出召唤；只有他们的运动在创造着要求和召唤，也只能通过创造新的要求来回应这些要求和召唤。任何成就都不仅仅是可想象物。

但是，这个永无休止的变化本身是否就可以被看作一种成就呢？人类不能够靠近一个事先就已经确定的目的，但如果在每一个连续的阶段中，前一阶段能够保留下来，而且获得更高的形式，我们是否就可以称之为进步呢？黑格尔对我们说，只有当我们抓住它的某些变化不放时，才会发现其中的矛盾；但如果我们考察人类历史的整体，我们就能看到，事件和人类的表面分离将烟消云散，所有的时刻都会互相和解。障碍是斗争的一个部分，斗争又会粉碎障碍；立体派绘画与印象派绘画进行斗争，但立体派绘画也只有通过印象派绘画才能存在，只有超越了这两者之后，明天的绘画才得以确定。罗伯斯庇尔是被热月党革命推翻的，但罗伯斯庇尔和热月党人都在波拿巴身上得到体现。在实现各自特别的历史命运中，每个人都可以在普遍性的中心找到自己的位置。我那已经完成的行为将变成与我事先想要的完全不同的行为，但我的行为在那里并不经历一种外来的堕落：它将完成自己的存在，也就在这时它才能真正地自我完成。

为了赞同黑格尔的乐观主义，就必须建立这样的观点，即综论要确实保留立论和超越它的驳论；应该让每个人在包围着他的普遍性中能够自我识别。黑格尔说，人应该在普遍性中自我识别，因为具体的普遍性是独一无二的，只有通过特别的个体性才能找出个体的形象：如果一个人的每个时刻都不是这个人的时刻，那么这个人也就不再是他自己。假设每个人的在场已经被永远地纳入这个世界，那么对一个被征服的人来说，向他展示说没有他的反抗，战胜者的胜利将不会如此辉煌，这对他是否能有所安慰呢？这是否足以说明，这个胜利也是他的胜利呢？事实上，属于他的是他的失败。我们也看到，人在世界上以两种方式出现：一方面他是一个客体，是一个超越外部超验的已知物；另一方面他本身就是一种将自己投向未来的超验。属于他的只有他通过自由投射而建立的东西，而不是别人以他为起点而建立的东西。然而，在黑格尔的辩证法中，一个人所能保留下来的恰恰就是他的人为性；一种选择的真理，就是使选择成为对这个目标进行选择的鲜明主观性，而不是曾经作过选择这个僵化的事实：黑格尔注意的仅仅是这个僵死的方面。作为坠落到世界中的一个过去的和过时的事物，人不能在这个世界中重新找回自我，相反，他只能被异化；人们不能通过向一个人展示其存在的维度得以保留就能拯救他，因为通过他的存在，他与自己格格不入，在别人眼中他是一个客体。毫无疑问，人是以整个世界的已知物的名义出现的：在每一个瞬间，我身后是人类的整个过去，在前面又是人类的整个将来；

我身处大地的某个点上，太阳系的某个点上，处在星云之间；我所操作的每一个物体将我反射到组成世界的所有物体上，将我的生存反射到所有人的生存中；但这并不足以让宇宙归属于我。属于我的只有我所建立的东西，就是我自己计划的完成。

因此，黑格尔说，实际上人在普遍未来中所得到的正是人自己计划的完成，问题是他要知道，应该将这个计划向纵深扩展；只有愚蠢的固执才会导致失望，即固执地坚持一种有限的意图；但是，如果人采纳普遍性的观点，即使是在失败的表象中，他也能辨认出自己的胜利。当狄摩西尼①为雅典的废墟感到遗憾时，他的目光就很短浅：说到底，他所关心的是文明，腓力二世②和亚历山大大帝③在世界上实现的文明。只要我能够要求到我想要的一切，那么一切都将非常美好。

但这样一种要求是否可能呢？

智者躲避在惟一和悠然的天空中，他将看到众多的革命像影子一样，在地球那永远变幻莫测的表面掠过；他不会伸出一个手指头让世界的形象取得胜利，因为这个形象将在明天被抹去；他不偏好任何东西，因为一切都将属于他。因此，十九世纪乐观的经济学家非常欣赏人口过密现象，这可以导致劳动力

---

① Demosthenes（前384—前322），古希腊雄辩家和政治家。
② Philip II（前382—前336），马其顿国王，亚历山大大帝的父亲。
③ Alexander III（前356—前323），马其顿国王，是第一位征服整个欧亚大陆的君主。

过剩,也会导致工资相应地降低,造成工人阶级死亡率和不育率的提高,最后导致人口减少;以此类推。

而实际上,如果我们滑翔在黑格尔的以太中,这些特定人们的生命或死亡对我们来说都不显得有多重要;那么为什么经济平衡依然有着重要的意义呢?在这里,为这种机制感到高兴的不是普遍的精神,而是一位资产阶级经济学家。普遍的精神是不会发出声音的,而任何人想以它的名义说话,只能是将自己的声音借给普遍精神使用。既然人不是普遍存在,他怎么能采取普遍的观点呢?人只能具有自己的观点。马洛①笔下的浮士德问梅菲斯特:"地狱在哪里?"而魔鬼这样回答:"地狱就在我们所在的地方。"因此人也可以说:"大地就在我所在的地方。"他没有任何办法逃向天狼星。主张让人放弃其计划的特别性,那就是扼杀该计划。实际上狄摩西尼所要求的东西,就是建立在雅典文明之上的一个文明,是从雅典文明开始而辉煌的文明。

毫无疑问,计划很可能通过一些被证明不合适的方法来瞄准目标;在这种情况下,一个人可以庆幸由另一种方法所取得的成功,这是一个他事先并没有选择的方法。一个人希望他的城市繁荣:他选举一位首领,结果他的对手获胜,但这位首领表现为一个好首领,城市在他的治理下变得非常繁荣;选举人可以为他的上任而感到满意。不论如何,这是因为他所瞄准的

---

① Christopher Marlowe(1564—1593),英国剧作家。

目标得以实现。而这是一个确定的目标，特别的目标。

如果人们说，任何目标都可以被看着通向一个更远目标的工具，那他就否认了这一点，即没有任何事物是真正的目标。计划将失去它的一切内容，世界在失去一切形式的同时也将自行倒塌。人将潜伏于一种同样冷漠的水层中，在那里，事物就是存在着的事物，永远用不着人去选择让哪些事物存在。既然总会有一个文明存在，那么捍卫雅典就没多大意义；但也应该放弃这种态度，即从来也不为什么而后悔，从来也不为什么而高兴。为一个目的而行动，这就是选择，就是确定目的。如果人努力的特别形式在他看来是无所谓的，在失去任何形象之时，超验也将随之迷失，人就不再可能要求任何东西，因为普遍性不再有缺失，不再有期待，不再有召唤。

这样，人为了与无限建立关系而做的任何努力都将付之东流。人只有通过人类才能与上帝建立关系，而在人类中，他总是只能联系上一部分人，只能建立一些有限的处境。如果他梦想将自己扩张到无限，他将立即迷失。他将在梦想中迷失，因为实际上他将不停地存在于梦想中，通过他有限的计划来证明他有限的在场。

处 境

老实人的花园既不能缩减为一个原子，也不会与宇宙混为一体。人只有在选择中才能存在；如果他拒绝选择，那就是自我毁灭。人的状况的反常之处，在于任何目标都是可以超越的；然而，投射将目标确定为目标；要超越一个目标，首先就应该将这个目标投射为不需要超越的东西。人没有其他生存的方式。皮洛士反驳齐纳斯是有道理的。皮洛士出发去征服：那就让他去征服好了。"然后呢？"然后的事，那就走着瞧。

人的有限性并不是被迫忍受的，而是人们情愿需要的：死亡在这里并没有人们常常赋予它的那种重要性。并不是因为人是要死的他就是有限的。我们的超验性总是在死亡的这边或那边得到自我确定。皮洛士周游世界并不是为了回自己的家；革命者并不在意在革命胜利的那一天他是否还活着。我们事业的边界就在事业的中心，而不在事业之外。有个人作一次旅行，他今天晚上急急忙忙赶到里昂，那是为了明天到达瓦朗斯，后天到达蒙特利马，大后天到达阿维尼翁，再下一天到达阿尔勒；人家可以取笑他：他这是白费力气，他将在没有看到尼姆和马赛之前就回来；他也将看不到安纳巴[①]和君士坦丁堡。然而这有什么关系呢，他将完成计划好的旅行：他的旅行。作家急忙写好一本书，以便开始写另一本书；他会说，这样我就可以心安理得地死去，我的书将写完。他并不等待死亡去停止写作；但如果他的计划一直将他投入未来的世纪中，死亡也不能让他停止写作。八十老翁还要建造房屋，还要种植庄稼；摩西

---

① Annaba，阿尔及利亚北部港口城市。

知道他到不了希望之乡；司汤达写小说，是让百年后的人读的。只有当我一旦死去，死亡才能停止我的生命，而且是从他人的眼光来看。对活着的我来说，我的死亡是不存在的；我的计划将穿越死亡，不会遇到什么障碍。不存在任何阻拦的障碍，使我的超验在飞速冲刺中撞墙；障碍会自动消亡，就像大海那样，海浪冲击着光滑的海滩，然后就停止在某处，不会再向前推进。

我们不能像海德格尔那样，说人的真正的计划，就是为了死亡而存在，说死亡是我们的主要目标，说人没有别的选择，只有逃避或承担这种最后的可能。据海德格尔自己说，人没有内在性，其主观性只有通过介入客观世界才能显示出来。只有通过抓住事物的行为才能做出选择：人所选择的，就是他所做的；他所投射的，就是他所创立的；然而他并不造就自己的死亡，并不创立死亡：他就是会死的人。而海德格尔没有权利说这个存在恰恰是为了死亡。存在是无动机的；人存在不是为了什么，或者说，为了这个词在这里毫无意义；海德格尔说，存在就是计划，因为它提出了一个目标；但是作为存在，存在并不提出任何目标：它存在着而已。是计划本身确定着自己的存在，将自己确定为为了什么的存在。海德格尔认为，这个最高目标与其他的目标不同，它没有通过任何行为而被确定为目标；将人投向死亡的坚定的决定并不导致人去自杀，而只能让他面对着死亡的在场而生活：但在场又是什么？在场不会在别处，而只能处在使事物在场化的行为中，在场只能在具体关系的创建中才能实现。因此，海德格尔的转变与斯多葛主义的转变一样无效；在此之后与在此之前一样，生活将继续下去，一如既往；仅仅有一种内部的变化。同样是非真实的行为，当它们显示为逃避的行为时，当它们面对着死亡而进行时，就会变成真实的行为。但是这个词：面对着，仅仅是一个词而已；无论如何，在我活着的时候，死亡不在这里；我的行为在谁的眼中就变成了逃避呢？而对我来说，我的行为仅是一个目标的自由选择。海德格尔对真实生存的现实程度持有疑虑，其根源就在这种诡辩中。事实上，只有主体才能确定其行为的意义；只有通过一个逃避计划才会出现逃避行为；当我喜欢时，当我想要时，我不会逃避任何东西；我喜欢，我想要。焦虑向我揭示的虚无不是我死亡的虚无；在我的生活中，是一种否定性使我不断地超越任何的超验；而对这一权力的意识并不通过承担我的死亡来表达，而更像是通过克尔恺郭尔和尼采所说的"讽刺"来表达：我将仍然是不朽的，我仍然要尝试着自我认同于不朽的人类，剩下的就是，任何目标都是一种出发，任何超越都是一个需要超越的客体，而在这种关系的游戏中，不存在其他的绝对物，只有这些关系本身的总体性是绝对的。这些关系展现在空白中，没有任何支撑。

因此，人们存在着并不是为了死亡；人们存在着，没有道理，也没有目标。但是，正像萨特在《存在与虚无》中指出的那样，人的存在不是事物那种固定的存在：人有他需要存在的存在；在每一个时刻，人都在寻求让自己存在，这就是计划。人类生灵以计划的形式存在着，这些计划不是走向死亡的计划，而是走向特别目标的计划。人狩猎，打渔，制造工具，写书：这些都不是消遣和逃避，而是走向存在的运动；人做事是为了存在。他必须自我超越，因为他并不存在，但是还必须使他的超验自我恢复为一种完美，因为他想要存在：人只有在他创立的完成物体中才能找到其超验的固定反射。他为什么创立这个物体而不创立那个物体呢？这是一个人们无法回答的问题，因为计划恰恰是自由的。一种对存在的分析将让我们得出一个人做不同选择的总体意义，让我们理解这些选择的进展和统一性；但是这种分析在特别选择的不可逆事实面前却行不通，因为通过这种选择，每个人将自由地自我投射到世界中去。我们在这里考察的并不是计划的内容；但由于我们提出了计划那特别和自由的特性，我们只是试图确定其生存的普遍和形式的条件。

我们已经可以做出这样的结论，即计划是特别的，是已经完成的：超越的时间维度并不是它自身想要的：它取决于所创立客体的性质。一个人可以设想建造一座数百年不倒的建筑；他也可以努力地成功翻一个空心筋斗；时间在这里并没有以自身为目标；它只是物体的一种特殊品质。无论如何，不管物体是瞬间闪过或是穿越数个世纪，它总是具有一种时间段。存在的完美就是永恒；这个有朝一日要倒塌的物体并不真正地存在。"然后呢？"人试图重新抓住自己的存在，但他总是可以重新超越这个客体，因为他的超验就介入到这个客体中。即使这个客体坚不可摧，它也只能显示为一种偶然物，完成物，一个应该超越的简单的已知物。只要客体满足了我，客体也就自行满足；但反射是超验自发采用的形式之一，而就反射的眼光来看，物体存在于那里，没有道理。当一个人孤独地生活在世界上，在明确看到自己所有目的的虚空时，他将束手无策；毫无疑问，他将不能够承受生活的压力。

然而，人并不是孤独地生活在世界上。

第二部分

他 人

"她真幸运！"一位女神经衰弱症患者在看到一个女子哭泣时这样说，"她真的哭了。"她自己也经常哭泣；但那不是真正的眼泪：一出喜剧，一幕滑稽剧，那都是她的眼泪。正常人不想让自己是玻璃做的或木料做的，他不想把自己当作一个木偶，也不想把自己当作一个幽灵；但他从来都不能完全相信自己的泪水，自己的笑声：在他身上发生的一切未必都是真实的。我徒劳地在镜子中端详自己，徒劳地向自己讲述自己的故事，我永远也不能使自己成为完美的客体，我在我身上感觉到一种空白，这个空白就是我自己，我感到我并不存在。因此，任何的自我崇拜事实上都是不可能的；我不能够自我命定。在我青年时期，我常常为自己没有任何个性而懊恼，而我的一些同学以他们特别的个性让我相形见绌。

他人很容易具有这种神奇的性格，高不可攀，因为只有他人自己才能够感觉到他自己内心的空白；而对我来说，世界上应该还有一种物体，一种完美：而什么都不是的我相信它的存在；然而，在一个物体之外应该还有别的东西：这个别的东西有其超验的无限性，能够不断将地平线向后推延，超验也将冲向地平线之后。我不知道上帝是否真的存在，没有任何经验能让我感到上帝存在着；人类将永远不能自我实现。但是他人就在那里，就在我面前，他封闭于自身，面向无限开放着。如果我将我的行为寄托与他，那么这些行为是否也具有一种无限的维度呢？

　　一个孩子一旦完成了一幅画或写了一页纸的字，他会立即拿给他的父母看；他需要父母的认可，就像他们需要糖果或玩具一样；一幅画要求有人的眼睛去看它：对某个人的来说，这些零乱的线条应该成为一艘船，一匹马；于是奇迹出现了，孩子骄傲地注视着那张花花绿绿的纸；从此以后那就是一艘真正的船，一匹真正的马；而他独自一人时，就不敢信赖这些令人疑惑的线条。毫无疑问，我们并不试图将我们生活的每个瞬间都转换成一块坚硬的钻石；我们常常致力于完成我们的存在而不求助于什么：我在乡间行走，用手折断一根枝条，用脚踢开一颗石子，爬上一个山坡；这一切都没有什么人来见证。但是谁对这完全孤独的生活都不会感到满意。一旦散步结束后，我就感到有必要向一位朋友说说这次散步过程：坎道勒斯①国王希望将他妻子的美貌展现于众人眼前。梭罗独自一人在森林中度过了许多年，但当他回来后，便写下了《瓦尔登湖》；而阿兰·热尔博②则写了《单人穿越大西洋》。甚至连亚维拉的德兰③也写了《内心的堡垒》，十字若望④写了他的感恩歌。

那我们能期待别人什么呢？

指望别人带着我走向远处，穿越一个无边际的将来，那我可能就想错了；没有任何人类行为可以向无限传播；他人以我为起点所创造的东西已经不是我的东西；我治愈的病人也可能一出门就被碾死在公共汽车轮下；我不想说是我的关怀葬送了他的性命。我将一个孩子生到这个世界上：如果他变成了罪犯，我也不会因此而成为坏人。如果我打算无限地承担自己行为所带来的后果，那我就什么也别想要了。我是有限的；应该要求我的有限性。然而我所想要的，就是选择一个不能被超越的目标，它应该真正是一个结束。而如果那个固定在自身上的物体不足以让我停止的话，别人是否就具有这种能力呢？

---

① Candaules，吕底亚国王，据希罗多德《历史》记载，他的王后非常漂亮，出于虚荣，他将自己的宠臣盖吉兹关进王后的浴室，让其欣赏他妻子出众的美貌。王后感到受了侮辱，便逼迫盖吉兹杀了国王，并与他结婚。

② Alain Gerbault（1893—1941），法国航海家。

③ Sainte Thérèse d'Ávila（1515—1582），西班牙加尔默罗会修女，神学家。

④ Saint Jean de la Croix（1542—1591），西班牙加尔默罗会修士天主教三十三位圣师之一。

忠　诚

　　假设他人需要我；假设他的生存具有一种绝对的价值：我就有生存的理由，因为我是为了一个其生存得到证明的生灵。我就摆脱了风险和焦虑；在我面前提出一个绝对的目标时，我就放弃了我的自由；不再会提出任何的问题；我只想成为一个答案，成为要求我回复的那个召唤的答案。主人饿了或是渴了：忠诚的奴隶只想成为那个他烹制的菜肴，成为他送给主人的那杯水，以平息主人的饥饿和口渴；他让自己成了一个驯服的工具。如果主人要求他死，他就会自杀，甚至主人杀死他，因为在主人的意志之外没有任何其他东西，甚至连可能对主人有好处的东西也没有。为了达到他的存在，奴隶在掌握他存在的人面前会想成为一种事物。许多男人，还有更多的女人，都希望这样一种安宁：让我们忠诚吧。

　　但首先，我要对谁忠诚呢？必须让我的生命所服务的那个生命的价值显示为绝对的价值。如果一个女人自问她那无用的老丈夫到底有什么用处，那她还会自问：我对他忠诚有什么好处？当然她会避免提这样的问题；然而她的安全将变得非常不牢靠：这个问题每时每刻都会被提出来。我只有在以无条件的方式要求另一个人的生存时才会平静地忠诚于他。有可能是对于人的热爱、欣赏和尊重，才会出现这样一种意愿。我全身心地自我奉献给这个儿童、这个主人、这个残疾人,这是否合情合理呢?我的存在能否这样完成呢?

让自己忠诚的人常常抱怨在他周围碰到的尽是忘恩负义的事;他的善举并不让人感恩,甚至会激怒他人;他所期待的证明常常会被那个惟一能给予他证明的人所拒绝。他酸楚地乞求到的是人的邪恶。但是他接受到的否定是否有其更准确的道理呢?忠诚是否永远与它所主张的东西相符呢?忠诚是否有朝一日能达到它所期望的结果呢?

"我没有要求你们生下我,"不孝的孩子会这么说。这句话深深地刺伤了父亲的心。因为忠诚首先是以为他人完全舍身的形式出现的。"我活着就是为了你,我把一切都献给了你,"父亲如是说;但是他也必须承认,他并不能为一个尚不存在的东西而献身。生育一个孩子,这说不上对谁忠诚;仅仅是通过一个无名的孩子自我投射到世界中,而用不着屈服于任何外来的意志。"也罢。"父亲说,"但孩子生下来了,他要求了,也索取了:于是我给了他一切。""假如他把一切都给了我,那也是他情愿的,"忘恩负义的孩子这样回答。确实,父亲是自由地达到孩子的要求。一个人永远都不会放弃自己的自由;当他声称放弃时,他只是将自由掩盖了起来,他是自由地掩盖这个自由的。听话的奴隶选择了顺从,而他的选择应该时时更新。有人忠诚是因为他乐在其中;他愿意忠诚,因为他希望通过这种方式来弥补他的存在……"我把我的生命、我的青春、我的时光都给了你，"被遗弃的妻子这么说；那么，倘若她没有将青春和时光给了人，那她又能作什么用途呢？在爱情方面，在友谊方面，赠与这个词的含义是很模糊的；对阿谀奉承习以为常的暴君会想，他接受奴隶的效劳是给了奴隶很大的恩典：如果奴隶在奴隶制下生活很开心，那暴君想得并不错。母亲用遗憾的眼神看着她长大了的儿子，志愿护士也这么看着她治愈的病人。"你不需要我了！"这种遗憾常常以一种抱怨的形式出现：我听到别人口中的这个需要，就是他曾经给我的赠与。在这里人们很难说清楚谁得到了谁失去了。忠诚常常会激怒那个忠诚对象；这个对象并没有要求什么：那是他的母亲、他的妻子、他的朋友在要求他接受他们的忠诚；他们为他人的痛苦而高兴，因为他们希望能够抚慰他的痛苦，他们会责备他拥有幸福，他的幸福像是一种背叛，这让他们毫无用处。忠诚不仅不是一种奉献，而且常常带有寻衅和专横的色彩：只有消除忠诚，只有反对忠诚，我们才能为他人带来好处。

那么，人们真想为他人带来好处吗？显而易见，只有在这个条件下才能谈论忠诚问题。如果我提出一个别人没有提出的目的，那是我的目的，这不是忠诚于人；我只是在做事。看着那位没有要求生他的儿子，那位现在已经一表人才而且身强力壮的小伙子，父亲可以骄傲地想："这就是我的成就，"而不会想："这就是我忠诚过的东西。"只有当我将别人确定的目标当作目标时才会有忠诚；因此，假设由我为他人确定这个目标，那就是自相矛盾。专制的父亲阻止儿子实现他想要的婚姻，他以为是忠诚于儿子；但是他为儿子选择一种处境而不选择另一种处境还是为了自己好。他在宣称他做事是为了做好事时，那是在回避承担自己的意志。他摆出一些人们已经接受的价值，以价值的客观性为理由，诸如健康、财富、荣耀等。贝尔纳诺斯①《一位乡村教士的日记》中那位还俗的神父的课程令他那位可怜的女伴不快，他以为是为她好：知识是不是一种善？于是宗教裁判所的法官便以善的名义焚烧异教徒：没有人会宣称他忠诚于自己。忠诚于自己，那就是为了他人而行事。把"为了"这个词翻译成德语，就是"warum willen"②，就是应答出自他意志的召唤。他所想要的善，就是这个他的善。当一个目标是一个人为他自己而无条件地提出来时，谁也不能否认他这个特性，而如果他达不到这个目标，任何外部的成功都无法补偿这种失败。必须非常注意这一点，正像黑格尔精彩地展示的那样，目标包括了我们想要达到目标的手段：一个孩子试图爬上一棵树；一位好心而又自以为是的成人把他从地上举起来，把他送到一根树枝上；孩子感到非常失望；因为孩子并不仅仅是想站到树上，他是想自己爬上去。我们立即看到，有一些他人的好事是不能通过我们来完成的。我们不能给别人任何东西，

---

① Georges Bernanos（1888—1948），法国作家。
② 德语，为什么想要。

除非他期待着我们给他什么东西,只能给予他正好期待的东西。

许多所谓的忠诚从一开始就与它们的初衷相矛盾:它们实际上成了暴政。那么是否存在非暴政的忠诚呢?我想忠诚于自己;我知道这样做会使我保持自由状态,任何东西都不能让我脱离我对自由的风险意识和焦虑感;但我会自由地选择将他人意志提出的目标作为目标;那么我在寻求的是不是真正的善呢?

首先应该弄清他人的意志是什么;这并非轻而易举。任何计划都是通过时间来展开的;它包括了许多基础性的计划;必须善于区分那些与主要计划相符合的计划,区分那些与主要计划背道而驰的计划,区分那些与主要计划仅仅保持着一种偶然关联的计划;这里必须将他人的意志与他人的心血来潮区分开来。这位正在恢复健康的患者不听医生的劝告非要出院;我向他的愿望让了步,结果他又病倒了。"我没有责任,我是按他的意愿办的。"谁都不会接受这种辩解之辞。"您不应该听我的话,"患者自己也会气愤地这么说。受宠的儿童在成年后,也会对父母说些类似的指责;他们也可能非常强硬,但也不是毫无道理。由于我知道他人的欲望,我就会超越它们,这些欲望对我来说不过是些素材,只有我才能决定他们是否表达了真正的意志;因为一个人相对于现在这个瞬间而言又是别的东西;任何一句话,甚至任何一个举动都无法确定一个正在时刻超越着的事物。相信词语是真话也太轻率了：俄瑞斯忒斯①稀里糊涂就相信赫耳弥俄涅②想要皮洛士死，因为她曾经高喊着要他的命；有一些特别的行为也不足以说服我们：我们想要考问的是一个生命的全部。在挫败恶意的诡计时，精神病医生向患者揭示了一些属于病人目标的目标，而这些目标却与病人承认的目标相去甚远。我们相信我们所欣赏和尊敬的人的冷静：但这也是一个决定。他人的好事，就是他人要的东西；但要区分他真正的意图，我们却只能借助于我们自己的判断。

这下是否又变成了暴君？对专制的父亲来说，他很容易想到他比儿子自己对善恶判断得更为准确，他会说："说到底，我儿子想要的东西跟我一样；他是因为无知，因为鲁莽才固执己见，他以后会认识到自己的错误。"他不指望现在的儿子，而更依赖于未来的儿子。但无论是现在或是将来，他永远都没有十分的把握。将来的服从是否比今日的反抗更为真实呢？如果今日的反抗不令父亲担忧，为什么他指望的顺从能够让他满足呢？甚至会出现这样的情况，父母会为儿女们太听话而感到遗憾；在那位接受他们善意的小伙子嘴里，他们已经认不出那个他们驯服的小男孩的声音。他们想要的并不是这个小男孩得到好处，而是这个小伙子身上仍然存在的那个小男孩需要得到

---

① Oreste，希腊神话人物，迈锡尼国王阿伽门农的儿子。
② Hermione，墨涅拉俄斯和海伦的女儿。她先是皮洛士的妻子，后又嫁给俄瑞斯忒斯。

的好处。他们在这里被一种幻觉所欺骗：生命的各个片断并不能保留在它们的超越之中，它们是分散的；对个人和对人类一样，时间并不是进步，而是分离；同样，人们永远也不能为整个人类而行动，人们永远不会为一个人的全部而行动；一个人的意志在整个一生中不会停留在同一个意志上；未来的指责或是同意将不是一种客观的见证，而是一种新的计划，这个计划相对于他所肯定或否定的计划来说，将不享受任何的特权。生命中不存在那种一切都被和解的瞬间。这不仅是因为人们无法明确地认识他人的好处，而是因为没有一个好处最终就是这个好处。在一个人的不同计划提出的不同好处中，常常必须选择。为了成人必须背叛儿童，或为了儿童必须背叛成人。

因此，人们是在风险和疑惑中忠诚于自己的。必须选择立场，我们应该在没有任何东西强迫我们选择的情况下进行选择。但正是我们的自由提出了这样一些选择；如果是儿童变成的成人让我感兴趣，而不是儿童让我感兴趣，那我就选择喜欢成人而不喜欢儿童；或者我更喜欢儿童，因为儿童已经存在，因为我喜欢他，我对那个将来的人，那个我不认识的成人可以无动于衷。人们不能因为忠诚要求我们的行为局限于这件事或那件事而简单地抨击忠诚；我们永远都只是在为自己创造界限。

假设我已经意识到自己行为的自由，意识到这些行为所包含的风险，意识到这些行为成功的局限性，我仍然决定回应这个向我迎来的召唤。孩子向我要一个玩具，我给了他，他很快乐；我不是可以因他的快乐而满足么？纵容的母亲看着孩子拿着玩具快乐地笑了，她也笑了；但是她的笑凝固了起来：现在孩子要一面鼓，要一整套玩具；老的玩具不能再让他开心。"然后呢？"他急切地问；他母亲想尽办法也不能让他满意；总是会有一个"然后呢"。忠诚宣称要满足他人的心愿；但人们是无法满足一个人的心愿的；一个人永远也到达不了所有地方：人们费尽全力跟着他，却永远也不能赶上他。要知道，人就是超验：他所要求的东西，只是为了超越它才要求它。患者要求医治，我给他医治，他痊愈了；但是如果我将他的健康停止在原来水平上，他通过我而获得的健康将不是一个好处：只有他将健康变成某样东西时，这个健康才能变成一个好处。如果我阻止他使用健康，他会生气地问我："为什么要救活我？为什么要给我生命？"因此，在民间故事里，被从死亡边缘救回的主人公常常被迫在某个约定的日子将生命归还给扶助他的人，这种故事对我们来说非常残酷；当被救的人归还别的东西，而不是他接受的东西时，刻薄的施善者就成了不讲道理的暴君。我为他人创造的永远只是一些起点；一位父亲给予他儿子的健康、教育、财富等，在他看来应该不是一些材料，而是一些只有他儿子可以使用的可能性。并不是我创立了他人；我只是个工具，在这个工具上，他人得以自我创立。惟有他自己通过超越我的赠与而让自己存在。

　　父亲、施善者常常不明白这个事实……"是我让他成为现在这个样子的。我把他从一无所有中解救了出来。"他们指着那位被迫的人说。他们希望另一个人在他们身上，在他自己之外，辨认出他存在的基础。有时会碰到这样一种感恩方式。"没有您我不知道会怎样？"那位被从灾难中救出的人茫然地说；他拒绝将自己投射到灾难之外；挽救他的处境，人们也救起了他本身。但是一位傲慢的人会以反抗的方式拒绝将自己混同于一个别人给的东西，拒绝否认他自己的自由。无论别人为他做了什么，他并不感到自己的存在受到了什么侵害，他的存在，只有他自己才能造就。这便是常常孩子与父母间隔阂和误解的主要根源："你的生命是我给的，"父亲在要求儿子听话时这么说；但是给予生命并不能在自由方面享有什么权利。父亲想，他给了孩子最大的赠与，因为他把儿子带到了世界上；但孩子也知道，只有他来到这个世界上，对他来说才有这个世界。他也只有通过自己的投射才能使自己存在。他的出生，他的教育仅仅是人为性，他必须超越这个人为性；人们为他所做的事情属于他的自由所要超越的处境；他必须处在某个处境中，他与他的处境并不相符，因为他总是身在别处。

　　忠诚的根本错误在于它把别人当作一个心中有个空白而自己又无法填补的对象；即使是针对未来，它也假设了这样一种缺失。一个儿子希望结婚；这桩婚事会给他带来沉重的负担，有可能让他陷入贫困;父亲极力反对,说:"我这是为他好。"那么,这个还不存在的男人,面前还没有投射任何好处的男人,父亲怎样为他行动呢?父亲想象,若没有他,儿子会是:一个可怜的,满是忧愁的人;然后他又想象儿子多亏有他的样子:富有和自由;而他声称在这个富人身上看到了一个他从穷困中拯救出来的可怜的男人;然而可怜的人哪儿也不存在,没有任何召唤从他的嘴边喊出,那里没有一个需要填补的空白。同样,一个生活很幸福的孩子并没有要求别人生下他。而他却出生了。在我幼年时,我常常会想到所有那些永远不会出世的孩子,想得我晕头转向,似乎他们就存在于某个地方,大批大批的,似乎他们就是一些没有听到的呼喊,一些没有填补的空白;但这只是儿时的想象罢了:生命是充实的,在它之前没有任何痛苦的缺席。

有一个凯尔特人的传说,有人向一位年轻的妇女预言,如果她当晚分娩,他的孩子将是一位"高贵的祭司",而她如果第二天分娩,她的儿子将是一个伟大的国王:于是她整夜英勇地坐在一块石头上;孩子只是在早晨才降生;孩子的头是扁平的,但他是一位伟大的国王[①]。这里人们明显感到这位英勇的母亲并没有忠诚于他的儿子;原因是他已经存在,他只是等待

---

① 迪梅齐(Dumézil)引自《贺拉提乌斯兄弟和库里阿提乌斯兄弟》(*Les Horaces et les Curiaces*)。——原注

降生；如果人们询问未来，人们会想，如果他是一会充满智慧的祭司，他将很乐于成为祭司；在选择国王的生存时，他拒绝了祭司的生存：是祭司也好，国王也好，孩子总会完全地实现他的命运；从一个意义上讲，一个人总是他想成为的一切，因为正像海德格尔所指出的那样，是他的存在决定了他的本质。然而，也不应该认为这位年轻母亲是为她自己而行动。利益的道德错误与忠诚的道德错误是一样的；人们假设首先有一个空白在那里，在我身上或在他人身上，只有当我的行为的位置首先确定以后我才能够行动。然而，我们的行为并不等待被召唤，这些行为将向一个没有在任何地方预示的未来喷发而出。我们的行为所开创的总是一个未来；而未来像一个新的无动机的完美，在充满事物的世界中爆发。人们既不想为他人，也不想为自身；人们不想为了任何东西：这就是自由。传说里的年轻女子想要一个当国王的儿子并不为了什么，一位血肉之躯的母亲想要他的儿子成为强人，富人，有教养的人也不为什么；也许就是这个才是众人理解的母爱那令人感动的特性。我们必须知道，我们为他人创造的永远只是一些起点，但是我们必须将这些起点作为我们的目标。

慷慨的人非常清楚，他的行动只能到达他人的外部；所有他能要求的，就是这个自由的行动不会被使用它的人与一种纯粹而又无基础的人为性相混淆：即这个行动必须被承认为自由的行动。忘恩负义的人常常拒绝承认。他不喜欢坦白他曾经被一种外来的自由当作对象；他只愿意相信他自己惟一的自由。于是他竭尽全力不去想他的恩人；或者他宣称在恩人身上只看到一种机械的力量，他解释说：施善者做事是出于虚荣，出于自高自大；如果他的决定显得像是屈从于一种心理决定论，那这个决定就不会伤人自尊，它只是许许多多事实中的一个粗暴的事实。在明智和认可的感恩中，应该能够将两个似乎互相排斥的自由保持在面对面的状态中：他人的自由和我的自由；我必须同时将自己当作对象和自由，必须在处境之外肯定我的存在，把我的处境看作他人所创立的处境。

这里的问题并不是要还清一项债务；不存在任何一种可以回报他人的货币；在他为我做过的事和我将为他做的事之间，不可能有任何的衡量方法。为了摆脱任何感恩的烦恼，一个人有可能竭力用赠与来偿还一个善举。然而，这些赠与并不感动人，相反还会伤害人；这些赠与像是服务的价格，认为可以像衡量物品一样给这个服务定价。为感谢慷慨行为而给的小费会侮辱人；这是一种否定他自由的方式，它假定这项服务不是免费的不计报酬的，而是受利益的驱使。慷慨明白自己是自由的，也希望自己是自由的，除了要求被承认为慷慨之外，它没有其他任何要求。

这是一种冷静的慷慨，它应该引导我们的行为。我们将承担我们自己的选择，我们将一些处境当作我们的目标，而这些处境对他人来说又是新的起点。然而，我们也不应该被我们不能为他人做任何事情的希望所诱惑。这就是对忠诚的考察在结束时要告诉我们的道理：忠诚的意图不可能得到证明，它所建议的目的是不可能实现的。我们既不能为了他人的利益而放弃自己的自由，也不能为一个总体的人永远行动，不仅如此，我们甚至还不能为任何人做任何事。因为对这个人来说，不存在任何我们能够赐与的不变的幸福，不存在任何我们能够让他进入的天堂；他真正的福祉就是这个只属于他的自由，这个将他带向超越一切已知物的自由；这个自由处在我们的能力之外。就连上帝对它也没有任何控制能力。

如果我不能为一个人做任何事，那我也不能反对他什么。那位母亲因没能满足孩子的要求而感到失望，同样，刽子手也因那高傲的灵魂蔑视他而感到愤怒；如果他的死囚想要自由，刽子手就毫无办法，死囚可以一直自由地经历刑罚，而斗争和痛苦只会使他更加伟大；只有当囚徒心怀死亡时才能杀死他：我们从哪个角度可以说，这个死亡今天来到是件坏事，而明天来到是件好事呢？怎样才能伤害一个人？让苏格拉底喝毒芹汁能伤害他吗？送陀思妥耶夫斯基去服苦役能伤害他吗？

诚然，暴力还是存在的。人既有自由又有其人为性；人是自由的，但不是斯多葛派那种抽象的自由，而是处境的自由。正像笛卡儿向我们建议的那样，这里应该区分人的自由和人的能力。人的能力是有限的，人们不能从外部来增加或限制它；人们可以将一个人投入监狱，把他放出来，割去他一只胳膊，给他装上翅膀；然而他的自由无论如何还是无限的；汽车和飞机并不能改变自由的任何东西，奴隶的铁链也不能改变自由的任何东西；他自由地让自己死去或是聚集力量活下去，他自由地选择顺从或是反抗，他总是自我超越着。只有在人的人为性方面，在人的外部，暴力才能有所作为；甚至当暴力将人拦截在冲向目的地的途中，它也不能打中人的内部中心；因为，面对自己提出的目的他还是自由的；他想要成功，但又不想与成功混为一体，他可以超越失败，正像他可以超越成功一样。因此，一个骄傲的人会拒绝怜悯，正像他拒绝感恩那样：他永远不会满足，但永远不会一无所有，他不愿意别人同情他：他已经超越了不幸，也超越了幸福。

我们对他人来说永远只是一件工具，即使我们是一个障碍亦然，就像托起康德的白鸽的空气那样，既托起鸽子又对抗它的搏击。如果一个人身上不发生一点事情，他将什么都不是，而他身上发生的事又总是通过别人引起的，从他的出生开始就是这样。如果他人拒绝成为一个工具，我们就不能将他人当作工具；相反，我才是实现他人命运的工具。因此，我们对待他人的行为似乎既有很重的分量，又似乎没有任何分量。毫无疑问，如果我没有从这条路上走过，如果我没有说过这些话，如果我没有在这里待过，那么他人的生活将完全是另外一个样。然而这本该是他的生活；只有通过他，我们的话和举动才接收到一个意义，他自由地决定了这个意义。如果我不曾存在过，他周围的一切也应该非常充实。

那么，是否应该得出这样的结论，即我们的行为对他人是无足轻重的？

事实远非如此。这些行为对他来说是无足轻重的，因为它们属于这样一类东西，即斯多葛派所说的不取决于我们的东西，即我们自己都没想要的东西。然而它们又与我们有关，它们是我的行为，我要对它们负责。这是一个悖论，我们能在基督教中看到最惊人的阐释：基督徒对他人来说仅仅是上帝手中的一个工具；然而所有这些行为又是他欠上帝的行为。既然疾病与贫困是上帝对人的考验，并对人的灵魂有好处，那么治疗疾病和减少贫困又有什么用处呢？一位信基督教的父亲，他暴君般的行为引发或加速了女儿的死亡，他在为自己辩解时会说："说到底，我只是上帝手中的一个工具。"基督徒知道，上帝总是通过他而行动的；即使是他导致邻舍被人诱惑，那也是邻舍应该被人诱惑。然而基督却说："谁做丑事谁倒霉；"诚实而谨慎的基督徒则拒绝"我只是一个工具"这个懦弱的辩护；因为如果对他人来说他只是一个借口，一个拯救或是死亡的机会，在上帝面前他是自由的。死亡对被我杀死的那个人来说并不是坏事：通过我的罪行，上帝的意志得以召唤；但是不管怎么说，在我杀人后，是我犯了罪。在他人看来，这个行为对我来说是一个自由的行为。而在基督徒的观点中，我们从来都不是为了他人就能不想要任何东西，而是为了上帝；人们应该完成的是自己的拯救；人们并不能完成他人的拯救，这是对他而言惟一的好处。这个真理可以用另一句话来表达：作为自由，他人与我彻底地分离着，我不能创建任何关系与这个纯粹的内在性相连，在这个内在性上，笛卡儿曾一再指出，上帝也没有控制它的能力；与我相关的是他人的处境，同时也是我创立的处境。不应该相信只要借口说他人是自由的，我就能回避对这个处境的责任：这是他的事，跟我无关。我对我能做的事负责，对我所做的事负责。有一种省事儿而错误的想法，它允许所有的弃权行为，所有的暴政；个人主义者泰然处之，心满意足，他说："失业者、服刑犯、患者像我一样自由；如果说在最坏的状况下，一个人仍然保留着自由，那他为什么要拒绝战争或贫穷呢？"但是只有贫困者才能够在他的贫困中宣布他是自由的；我放弃帮助他，我就是这个贫困的真实写照；拒绝或接纳贫困的自由对我来说绝对不存在；这种自由仅仅存在于其贫困得到实现的人身上。并不是以贫困的名义，而是以我的自由的名义来接纳它或拒绝它。

我必须接纳或拒绝。我说过，我既不能为他人做任何事，也不会反对他人做任何事；但这并不能将我从对我与他关系的顾忌中解脱出来。因为不管我做什么，我存在于他人的面前。我就在那里，在他看来，我与所有不是他的东西的惊人存在混合为一体，我就是他的处境的人为性。他人是自由的，从这一点起；仅仅从这一点起；他人完全是自由的：是在这个面前，而不是在那个面前,在我面前是自由的。压在他人头上的命定性,一直就是我们:命定性就是所有其他人的自由转向每个人的那张僵化的脸。正是在这个意义上,陀思妥耶夫斯基才说"每个人都要对所面对的一切负责"。静止不动也好,行动起来也好,我们总是重压在这块大地上;任何拒绝都是选择,任何沉默都是一种声音。我们的被动甚至都是故意的;为了不作选择,还应该选择不作选择;想逃脱是不可能的。

交　流

　　于是,对我与他人关系的初步分析导致了这个结果:他人不向我要求任何东西;没有一个需要我填补的空白;我在他人身上找不到任何现成的对自己的证明。然而我行为中的每个行为在作用于世界后都会给他人开创一个新的处境;这些行为,我必须承担它们。我需要某些处境,也拒绝另一些处境。那么,什么原因使我觉得有些处境对我来说不是无足轻重的?让我能够在它们之中做出选择?它们又是在哪方面与我有关?我和他人的真实关系又是什么?

　　我们首先必须避免虚假客观性的错误。严肃的人认为健康、财富、教育、舒适等是一些无可争辩的财富,其数量是上苍已经确定好的;但是他被一个幻觉蒙住了眼睛;如果没有我,就不存在现成的价值,其价值等级也不会强加于我的决定。一个人的好处，就是他想要的作为自己的好处。然而这个意志不足以确定我们的意志：这个人能达到自己的好处是件好事吗？我们看到，甚至一个人也是分裂的；在他的现时和他的将来之间，我们常常需要做出选择。而人在世界上又不是孤立的存在；不同的人财富也不同；为他们中间的某些人谋利益，常常就是对抗另一些人的利益；我们不能停留在这种平静的解决方案上：即想要为众人好。其实我们应该确定我们的好处。康德道德的错误在于它想将我们在世界中的在场抽象化；所以它只能导致一些抽象的公式；对人类的尊重不足以引导我们，因为我们面对的是一些分离的和对立的个体：人类在受害者和刽子手身上是总体表现的；应该让受害者死去还是杀掉刽子手呢？

我们已经看到，如果我从这个世界上消失，如果我有一种矛盾的愿望，即不采取任何人类的观点去评判人类的处境，那么这些处境在我看来就无法互相比较，那我就什么都不会想要。采取凝视的态度永远也不能让人偏爱什么；这种态度给予的只是无动于衷。只有当主体超越客体时才可能有偏爱：人们偏爱是为了一个目标，是从确定的角度看问题。人们偏爱一个水果而不喜欢另一个水果，那是为了吃它或画它，但如果不知道用这个水果干什么，那偏爱这个词就失去了任何意义："您更喜欢大海还是高山？"意思是说："您更喜欢生活在大海边还是高山上？"如果人们不想做衣服，也不想骑自行车，那么就不会在自行车和缝纫机之间做出选择。只有当我用我的计划超越这种偏爱时，我才觉得过去的某个时刻可能是更好的或是更坏的：如果我希望文化繁荣昌盛，我就偏爱文艺复兴，而不欣赏中世纪，我把文艺复兴看作通向我的目标的道路；但是我只能在与我确定的某个目的有关系的情况下才能谈论进步问题；如果人家把我置于所有处境之外，任何已知物在我看来同样都是无足轻重；在历史的不同时刻之间，我就无法做出选择；这些时刻在我看来都是同样的已知物，因为它们全都代表了某种超验的固定的冲动，而且在其生存的特别人为性方面都是同质的：人们既不能在其身份中，也不能在其绝对的分裂中建立某种等级。人们不能将马的完美和狗的完美相提并论，斯宾诺莎正是这么说的。在一位大教堂建造者的生命和一位飞行员的生命之间，怎样决定什么东西本身是最有价值的呢？如果我们考察人类的本质，发现人类本质对他们来说都是共同的，那么这个本质在他们中的每个人身上都是全部的。

孟德斯鸠在《真实的故事》中说，有一天，一位神灵问一名可怜的男子，让他挑选当一个国王，或当一位富有的地主，或当那位他梦寐以求享受幸福的富商；男子犹豫不决，最终他都没能下定决心做出任何改变；他还是原来的他。孟德斯鸠得出结论，每个人都很乐意羡慕他人的命运，但没有人愿意接受变为另一个人。确实，如果他人的处境在我看来是一个我自己将要超越的起点，那我就羡慕他人的处境；但是他人的存在是封闭于自身的，固定不变的，与我分离的，它不能作为任何渴望的对象。我只能从我生命的中心出发去渴望，去偏爱，去拒绝。

如果说对"怎样选择"这个问题能够做出回答，那是因为我们中的每个人实际上都位于生命的中心。"我要那块最大的，"孩子贪婪地看着母亲刚刚切好的蛋糕说。"为什么大的要给你而不给其他人呢？""因为就是我。"机灵的商人会在他的顾客中培养一种特权兴趣："我二十法郎就卖给您，就因为是您我才这样，"商人对那位沾沾自喜的主妇这样说；她也乐于相信商人的话。为什么一定是我呢？我可以是任何其他的人嘛。其他人就只能像客体一样存在着；只有我们自己在我们的亲密关系和我们的自由中把握自己：一个主体。孩子身上的孩子气，主妇的幼稚之处，就是相信他们的特权在他人的眼中存在着：每个人都只能是自己的主体。确实如此，我在其他人眼中可以是任何人；道德只能要求我明白这个外来的观点：即我可能会停止存在。我存在着；我存在于他人面前的处境中，在他人自己的处境面前；多亏有了这一点我才能偏爱，才能想要。

现在，我们应该尝试着怎样确定他人面前的这个我的处境。只有从这一点出发，我们才能设法找到我们行为的依据。

我们看到，只有通过人的在场，萨特所说的否定性才能进入世界：即空白、缺失、不在场等。有些人拒绝使用这个权力：在他们周围，一切都是充实的，他们看不到任何地方可以放任何其他东西；任何新生事物都让他们提心吊胆，必须用武力向他们强加一些改革。他们说："过去我们没有这些发明，过得也挺好。"另一些人则相反，他们在期待；他们在希望，在要求；但他们要求的永远也不会是我，不过我存在的特别性让我希望我能被他们所需要；我写的书不会填补一个事先就与其外形相一致的空白。写的书在先；一旦书已存在，就该由读者来抓取这个在场，把它当作不在场的反面；只有他的自由本身才能决定。"人怎能没有铁路和飞机呢？没有拉辛怎么设想法国文学呢？没有康德怎么设想哲学呢？"在他现有的满足之外，人还以回溯的方式向后投射一种需求。而且这种需求现在确实存在，飞机满足着一种需求；但这是飞机存在后创造的一种需求，或更准确地说，人从飞机的存在出发自由地创造了这个需求。我们呈现在世界中的这种新的完美，只有由人类的自由去帮它开拓它的位置；这个位置原先并不存在；也不是我们制造了这个位置；我们只是制造了填补它的物品。我们给了他人东西，但只有他人才能创造对这个东西的需求；任何召唤，任何要求都是来自他的自由。为使我创造的物品成为一种财富，他人应该把它变作他的财富：这样我创造这个物品就得到了证明。只有他人的自由才能够需要我的存在。我的本质需求就是要有自由的人在我面前；并不是在人家宣布我的死亡时，而是在宣布世界末日时，我的计划才失去任何意义；蔑视的时代也是绝望的时代。

因此，每个人想自我超越并不是为了他人；人们写书，发明机器，但哪儿都没人要求这些东西；这也不是为了他们自己，因为"自己"只有通过计划才能存在，而计划又将"自己"扔向世界；超验的事实先于任何目标，任何证明；而一旦我们被扔向了世界，我们会立刻希望摆脱偶然性，摆脱纯粹在场的无动机性：我们需要他人，以让我们的存在变得扎实牢靠，而且很有必要。

这里并不像黑格尔想的那样，是要让别人在我们身上辨认出自我的最纯净的抽象形式；我想要拯救的是我在世界中的存在，就像它在我的行为中、事业中和生命中实现的那样；只有通过我让其存在于世界的客体，我才能与他人交流。如果我不让任何东西存在，那将既没有交流，也没有证明。但是这里的许多人却自欺欺人：或是出于轻浮，或是出于懒惰，我们看到，人常常想要在他并没有介入存在的地方寻找他的存在，将不是他创建的物品宣称为自己的东西；他正是为了这些外来的事物而要求他人的赞同，他想尽量相信是他自己在享用这些物品。也就在这时，人们会指责这个人具有愚蠢的虚荣心：吹嘘自己的祖宗，炫耀自己的财富，显摆自己的漂亮外貌等。还有更加孩子气的做法，即松鸦插上孔雀的羽毛；在罗莎①的阳台下，英俊的克利斯蒂安假借西拉诺的嗓音：但结果，罗莎喜欢的还是西拉诺。如果我们真为自己担忧的话，就应该拒绝被他

---

① 罗莎、克利斯蒂安、西拉诺皆为法国作家、埃德蒙·罗斯丹（Edmond Rostand，1868—1918）戏剧《西拉诺·德·贝热拉克》（亦称《大鼻子情圣》）中的人物。

人以"不正当的理由"所喜爱或欣赏，也就是说，通过那些并不属于我们的东西来喜欢或欣赏我们。因此，有些女人想不加掩饰地被人爱，而有些男人则希望匿名地被人爱。虚荣的人似乎想象是他人掌握着存在，想象可以通过突然袭击去截获这种珍贵的财富；但他人只能具有一个足够的维度，即我想让我存在而做的事：首先必须做事情。在这个意义上，人们有理由说谁寻找自己就会丢失自己，说只有在失去自己时才能找到自己。如果我在没有给出任何形象之前就在别人的眼睛里寻找自己，那我什么都不是；只有当我首先将自己扔向世界后，只有在喜欢和做事之中，我才能获得一个形象，才能获得存在。

而我的存在要与他人建立交流关系，就只能通过它所介入的物品。我必须满足于永远不被完全拯救。有的事业需要在整个一生中展开，有的事业则局限于一瞬间；但任何事业都不能表达我的存在的全部，因为这个全部还不存在。我们常常被一个海市蜃楼所蒙蔽：如果我作的两句诗被人喜欢，就很自以为是，吃饭也好，睡觉也好，都觉得人家需要我，这是因为我的自我既是分散的也是统一的，它就像整个原始人在每一个点上的神力；因为原始人会认为，只要抓住他的一根头发，那就抓住了他的整个神力，于是我们会认为，对我们一个行为的夸奖将证明我们的整个存在：因此我们非常担心被命名；名字，这是我神奇地集聚在客体里的整个在场。但实际上，我们的行为是分离的，只有当我们位于行为的面前，只有当我们处于分离之中，我们对他人来说才存在着。

  如果首先要知道我要交流什么，那么对我来说，非常重要的是知道我能跟谁交流，我想跟谁交流。寻找不管任何人的好评，这还是虚荣带来的众多弱点之一；当蒙泰朗①渴望得到他声称蔑视的好评时，当他希望得到他认为愚蠢的大众的欣赏时，就是这种情形。事实上，为了让他人具有把我创建的物品变成必需品的能力，我就不应该有超越这个他人的能力；一旦他人在我看来具有局限性，是个有限的人，那他为我在这个世界上所创造的位置就会像他自己一样，既是偶然的，又是徒劳的。"他需要我；但我又需要他什么呢？他那个不可证明的存在怎么能给我证明呢？"妖艳的女人厌恶地看着她的求爱者：如果她的美貌在镜子里面毫无用处，在这些人的眼睛里面不也同样毫无用处？如果说许多女人用女看门人的眼光看待她们的情人，那是因为情人仅仅是个男人；女看门人的声音就是大家的声音，是一个存在着的神秘的大家，然而它却能扩展到无限。如果有个人对一位作家说："大家欣赏您，"这个作家就会满意地昂起头来；然而一旦他知道了这些欣赏者的名字后，他便非常失望。通常，对亲朋好友的指责或赞誉并不对我们造成任何伤害：我们太了解其中的动机了，这是一些我们可以预料和超越的事情。一对父母看到他们的儿子对一位伙伴赋予一种

---

① Henry de Montherlant（1895—1972），法国作家，法兰西学院院士。

威望，而他们自己却失去了这种威望，于是非常生气：伙伴是外人，儿子倒不超越他，而他父母在他面前却固定成为物品。于是，饱受自卑情结折磨的人就不会同意让任何好评来安抚自己：赞许他的人不过是个特别的个体，他要超越这个个体，走向那不可考量和神秘的陌生人，而在陌生人的眼中，他自己几乎一文不值。反过来，一个人总是可以认为自己是一个不为人知的天才：那些指责他的人不过是些有限的个体，他会拒绝这些人的评判，寄希望于开明的、公正的和自由的后来人。

因为我面前所需要的就是一种自由。自由是惟一我不能超越的现实。怎么能超越一个在不断超越自身的事物呢？如果一个存在在我看来是纯粹的自由，如果它能够完全地自我创建，它就可以证明我所创建的东西，并利用它为自己的利益服务：这样一个存在只会是上帝。爱情、恐惧、欣赏和尊重的魔力可以将一个人改变为上帝；普通崇拜者仅仅是个物品，而它的偶像在任何人面前都不会是物品。人们能将这种纯粹的最高自由向什么人超越呢？在自由以外没有任何东西。

然而，当我突然看到有其他的自由存在时，这种幻觉便烟消云散了。我想起我十六岁时经历的一桩丢脸的事，有一个我崇拜的女友激烈地反对我父亲的意见；她评判我父亲，我父亲反过来也评判她；我可以拒绝父亲而相信朋友，或拒绝朋友而相信父亲；在这种争执的是是非非中，绝对性被回避掉了；我不再能依赖任何人。我的苦恼持续了很长时间：我该讨谁的欢心呢？

我要面对的不是一个自由，而是众多的自由。而正因为这些自由是自由的，所以它们之间很难获得协调。康德的道德嘱咐我要寻求与整个人类相结合；但我们看到，并不存在人类的评判互相调和后得以完成的任何天空。如果某些作品已经不再被人讨论，那是因为它们不再激动人心，它们已经变成了博物馆里的陈列物和珍藏品。但也不应该相信，就因为它们已经被写进历史，它们就得到了证明。诚然，没有索福克勒斯①，没有马莱伯②，文学将不会是现在这个样；但这并不能给他们的作品以任何必要性；因为文学不必需要就是现在这个样子；文学存在着，仅此而已。在这里，人们再次看到普遍性的观点，它既不允许褒扬，也不允许指责，因为在普遍性中，不能够假想有任何的空白。成功只有通过一个确定的计划才能出现，而这个计划又提出一个目标，在其身后描绘了一个回溯性的空洞的召唤。声称喜欢一切的业余爱好者其实什么都不喜欢。为兰波或塞尚的存在而欢呼，就应该比喜欢任何其他东西更加喜欢某种诗歌、某种绘画的方式。对于一个客体来说，只有当一个特别的选择从将来回流到该客体时，它才能被当作应该是它曾经存在过的存在。这个被我们扔在世界中的现实，只有当他人

---

① Sophocle（前496—前406），古希腊三大悲剧家之一。
② François de Malherbe（1555—1628），法国诗人，法国抒情诗歌的先驱。

创建一个未来，即通过超越世界去包容这个世界的未来时，只有当新的客体在过去中为将来选择了它时，这个现实才能得救。我们不能满足于一种简单的口头赞同；只有虚荣的人才能自我满足，因为他只寻求存在的空洞外表；但是一个要求更高的人会知道，词语并不足以让人对所创建的客体产生需要：他要求在大地上为他划出一块实际的位置。仅仅听我说的故事还不够的：听众应该贪婪地等待我的话语；一个女人很快会对一种漠然的欣赏感到厌倦：她希望被人爱，因为只有爱情才能将她创造为一个主要需求；作家不仅希望有人读他的书：他还想施展影响，他期待被人模仿，被人思考；发明家要求别人使用他发明的工具。但是人类的计划是互相分离的，甚至互相对抗的。我的存在在我看来注定永远要处于分裂状态。这位盟友也是一个叛徒，这位可敬的智者也是一个腐败分子。在伟人的奴才眼中没有伟人：我也可以和奴才一起取笑伟人，但伟人和他的朋友会取笑我；如果我取笑奴才，奴才会同时取笑我和伟人。不过，倘若我取笑所有的人，那我在世上就成了孤家寡人，所有的人都会取笑我。

最方便的解决办法就是拒绝令我难堪的评判，将持有这种评判的人当作普通客体，否定他们的自由。"这都是些野蛮人，是奴隶，"没落中的罗马人看到那些为他们干活、吃苦并咒骂他们的人时就是这么想的。"这是个黑鬼，"弗吉尼亚的种植园主也是这么想的。这些寄生性社会通过严格的禁忌想竭力维护主人的利益，以对抗受他们剥削的造物的觉醒；这些造物不应该被看做人类；据说有的白人女子竟然在印度支那的男孩面前漠然地脱衣服：因为这些黄种人不是人。

然而寄生虫并不知道它所使用的物品的人类特征，它生活在一种外来的自然中，处于静止不动的事物中，被事物的巨大重量压迫着，屈服于一种神秘的天命。在工具中，在机器中，在房屋中，在吃的面包中，他并没有辨认出任何自由的印记；剩下的只有物质，但由于他还依赖于这个物质，存在的也只有这个物质和被动性了。在取消了人类对事物的统治之后，他把自己变成了事物之中的一个事物。而他在这次变形中并没有得到任何好处。如果我们假设，为了更加有把握，人们给仆人灌进一种神奇的饮料，将他们变成牲口，这样就更不可能实现人与人之间的和解：在这个新的动物种群面前，主人们还将形成一个分裂的人类。只有当寄生虫转向它的同僚们时，它才能重新变成人：它将在同僚们的各种自由面前重新处于危险的状态。

此外，人也不能自由地、随心所欲地将其他人当作事物来看待。尽管存在禁忌、偏见，还有盲目的意愿，主人知道他必须和奴隶说话：人只能跟人说话；语言是对另一个人的自由的召唤，因为符号只有被另一个意思抓住后才能变成语言符号。他感觉到奴隶在看着他：他一旦被看到，自己便成了客体[1]；

---

[1] 参见萨特《存在与虚无》第三三〇页。——原注

他是一个暴君，残酷或腼腆的暴君，坚定或迟疑的暴君；如果他试图超越这个超验，心里想："这些都是奴隶的想法，"他知道奴隶也会超越这种想法；在这里进行的斗争中，奴隶的自由通过主人的反对和禁止本身得到了承认。所有人都是自由的，只要与他们交往，我们就会感受到他们的自由。如果我们想不看到这些危险的自由，那就应该避开那些人；但是我们的生存就会收缩，就会消失。只有选择存在于世间的危险中，存在于能够控制我们的存在的、外来的、分裂的自由面前，我们的存在才能实现。

然而，我们在对抗这些自由时还有一个招术：它并不是愚蠢的盲目手段，而是斗争。因为自由用来超越我们的这个行为，我们也可以超越它。"谁是我的见证人？"圣埃克絮佩里[①]在《战时飞行员》中这么问道，他是战败后受派遣去执行危险任务的飞机驾驶员。他拒绝所有的见证：是他自己见证了懦弱，见证了其他人的放弃。我并不希望得到随便哪个人的认可，因为在和他人的交流中，我们应该致力于计划的完成，我们的自由已经介入到这个计划中。他人应该将我投向一个我认可为自己的未来；如果我的行动持久地变成对我的对手有利的行动，那对我将是一个非常伤心的失败；他人通过计划将必要

---

① Antoine de Saint-Exupéry（1900—1944），法国作家、飞行员。作品有《小王子》《夜航》等。

性给了我，我必须让这个计划也变成我的计划。有一些指责和仇恨是我愉快地承担着的：与保守党的计划作斗争的革命者希望他成为保守党的敌对力量。格特鲁德·斯泰因[①]在她的回忆录中说，费尔南德·毕加索有顶帽子，但只有泥瓦匠和挖土工看到后长时间发出惊叹，她才喜欢那顶帽子：因为对她来说，优雅是对平淡常识的挑战。如果我们与一个计划作斗争，我们就要选择以障碍物的形式出现在计划面前。有一些计划只是与我们无关；我们毫不在乎地面对它们所表达的评价：如果是欣赏一首诗，一位银行家并不在行；而银行家也会对诗人的建议付之一笑。有可能我的轻视并不只是包括一种独特的能力，而是整个一个人。我们所拒绝的，我们所攻击的就是那个人生存的总体计划。于是轻视变成了蔑视。我对我所蔑视的人的任何意见毫不关心。"我没有征求您的意见，"人们带着蔑视的语气说，甚至："我没跟你说话；"因为任何言语，任何表达都是召唤：真正的蔑视是沉默；沉默甚至将对矛盾和丑闻的兴趣都去掉了。在丑闻中，我们要求他人证明他的计划和我们的计划是分离的；我们想成为让他感到可笑或可憎的物品：这样在我们之间就再也没有同谋之嫌。但这等于将创新权交给了他人，用挑战的方式同意他给我们使坏。应该由我们泰然地做出肯

[①] Gertrude Stein（1874—1946），美国女作家，长期生活在巴黎，对现代文学艺术的发展有着重要的推动作用。

定,说我们和他分离开了,说我们超越了他,而他在我们面前不过是件物品。

能够把蔑视当作武器使用,这也太方便了:人们常常努力这样做。一个儿童,一个小伙子,在被周围的人重视时,他会选择不去对抗外部的评价:他会封闭在自己的圈子内,为了不冒任何风险,他会事先消除世界其余的意见;他在生活中一步一个脚印:谁抨击他就是抨击自己。但是像这样,他就否定了自由;要自由,就是要投身于世界,不作算计,不计得失,就是要自己确定一切得失,一切尺度;而那个过分谨慎的人则小心翼翼,只创建一种物品,而不创建其他物品,这物品在提高人们价值的同时,也让人们提高它自身的价值:这种羞羞答答的虚荣是一个真正的骄傲的反面物。也有可能有这样的人,他在自己周围首先遇到的都是失败和轻视,他会通过否定来保护自己:他想成为一个田径运动员,但失败了,于是他就开始蔑视运动员和体育运动,他只尊重银行家或军人;但是在放弃他的计划的同时,他也背叛了自己。此外,人们也不能随意地使自己身上产生蔑视或尊重。只有通过同一个计划,在确定我所创建的物品时,我才能自我确定;我确定大众,我向大众发出我的召唤。喜欢书籍,欣赏作家,想写书,这对我来说,在儿童时代是惟一的也是同一个计划;因为总体的选择已经做出,我们就只能通过盲目或恶意去部分地反对这个计划;而恶意将带来迟疑和不适感;因此,有那么多虚荣的人自我感觉很不好。一个傻子总能找到一个更傻的人欣赏他；但他不能随意地掩盖这个傻子是傻子的事实，也不能把这种傻劲当作一种美德。自由会命令人，而不听从人；人们要否定它或是强迫它都是徒劳的。如果体育运动确实是我的计划，我还情愿做一个不成功的田径运动员，而不愿做一个荣耀的大胖子；因此，人们并不能轻松的战胜一个讨厌的竞争者，哪怕是在内心也好；如果我想让自己勇敢起来，灵活起来，聪明起来，我就不能轻视别人的勇气、灵巧或才智。

人们完全有权把这种态度看成一种懦弱行为，即有些人只喜欢喜欢他们的人，而不加区别地蔑视所有蔑视他们的人；人们完全可以怀疑，他们的喜好和蔑视仅仅是一种空洞的表象。只有通过我面向我存在的自由运动，我才能在他们的存在中肯定他们，并从他们那里期待一种我存在所需要的依靠。为了让众人给我在这个世界上安排一个位置，我首先应该让一个世界出现在我的周围，在这个世界中，众人都有自己的位置：必须喜欢，想要，做事。应该由我的行动本身去确定大众，我也要向大众建议我的行动：建筑师喜欢建造，他建造一个能矗立数个世纪的建筑，他将依赖于一个长久的后代；一位演员，一位舞蹈家只能依赖于他们的同代人。如果我改进了一台飞机发动机，我的发明将引起千百万人的兴趣；如果只是让日常的行为、瞬间的言语得到认可，我说话做事的对象仅仅是我的亲朋好友。我只能具体地依靠那些为我而存在的人们；只有当我与他们建立了关系，只有当我将他们变成了自己的邻舍，他们才能为我而存在；至于他们是以盟友或是敌人的身份存在，要看我的计划是与他们的计划相符还是相矛盾。然而，既然是我让自己成为我要成为的那样，既然是我让这个矛盾存在着，那我怎会不承担这个矛盾呢？

行　动

这就是我在他人面前的处境：众人是自由的，而我被抛进世界，处于这些外来的自由中。我需要这些自由，因为一旦我超越了我自己的目的，我的行为会回到它们自己身上而一动不动，如果它们不被新的计划带向新的未来，它们就将变得毫无用处。全球灾难唯一的幸存者应该像以西结那样努力使整个人类复活，否则他还不如死去。一旦我超越了我的超验运动，我就觉得这个运动无济于事；但如果能通过其他的人，使我的超验能够延续，直至超过我现在形成的计划，那么我将永远不能再超越这个超验了。

为了使我的超验永远不被超越，整个人类应该延续我的计划，走向我的那些目标：还有谁能再超越它呢？在这个超验之外，不会再有任何人，它将整个的是我的同谋：谁都不能评判我。但是必须放弃这种希望：众人是分离的，对立的。我必须下定决心去斗争。

但是我为谁而斗争呢？我的目的就是要达到存在：我们再说一遍，这里并不是个人主义在作祟；利益的想法建立在一个现成的自我之上，而我这个主体正在向着这个自我超越，把它当作最高的目标；不能通过计划将我抛向作为已知的、哪里也不存在的那个自我的不同目标；寻求存在，就是寻找存在的人；因为只有通过某个揭示生存主体性的在场才能实现存在，我必需从我主体性的中心出发才能奔向这个存在。因此，我为了存在而斗争。我斗争是为了拥有这个玩具、这个珠宝，为了实现这次旅行、食用这个水果、建造这幢房屋。但事情并未到此结束。我要打扮自己，我要旅行，我要在众人之中建造。我不能封闭在象牙塔中生活。像"为艺术而艺术"之类的理论，其错误就在于它把一首诗或一幅画想象成一个非人类的事物，一个自行满足的事物；实际上，这是一个由人创造、为人而创造的物品。诚然，创造这个事物既不是为了消遣，也不是为了建造，它并不满足一个已经存在于它面前的需求，也不满足一个它应该填补的需求；它是对过去的超越，是无动机和自由的发明；然而，在其新的形式下，它要求被人理解和证明，众人应该喜欢它，关注它，延续它。艺术家不会不关注他周围的人的处境。他自己的血肉已经介入到他人身上。因此，我斗争是为了让自由的众人能够给我的行为和作品提供它们必需的位置。

然而，既然众人在这里对我做出好评完全是自由的，怎样在这里借助斗争之力呢？诚然，想通过暴力获得爱情或由衷的欣赏是极其荒唐的事：人们取笑尼禄，因为他想通过强制手段去诱惑人。我希望他人能够承认我的行为是有效的，在为己所用后，他人在走向将来时能有所斩获；但是，如果我首先就否定他人的计划，我就不能指望得到这样一种承认：他人只能把我看作一个障碍。如果他人想死，而我非要逼他活，借口说我需要一个可以证明我存在的伙伴，那我就打错了算盘。他人就是活下去也会诅咒我。对他人自由的尊重并不是一条抽象的规则：尊重是我的努力获得成功的首要条件。我只能依靠他人的自由，而不能限制他人的自由；我可以编造最为迫切的呼唤，使尽浑身解数吸引他人的自由；但无论我做什么，他人的自由在回应或不回应我的呼唤时都完全是自由的。

问题是，要与他人建立这个关系，必须具备两个条件。首先我必须被允许呼唤。我将与那些扼杀我的声音、阻止我表达、阻止我存在的人作斗争。为了让自己能在自由的人面前存在，我常常被迫把某些人看作物品。囚犯会杀死狱卒去和同伴们会合；很遗憾狱卒却不能当囚犯的同伴。但更加令人遗憾的应该是囚犯永远没有任何同伴。

然后，在我的面前必须有一些对我来说自由的人，他们能够对我的呼唤做出回应。

在任何处境中，他人的自由都是全部的，因为处境就是要被人超越，而在任何超越中，自由是平等的。一个努力学习的无知者与发明新设想的饱学者一样自由。我们以同等的程度尊重任何人身上这种自由的努力,以便朝着存在而自我超越;人们所蔑视的就是对自由的放弃。人们不能在人类的处境中建立任何的道德等级。问题是,就我而言,有一些超验我是可以超越的,对我来说可以固定为物品;也有另外一些超验我只能陪伴,它们超越了我。德伯家的苔丝喜欢克莱;农庄中还有三个喜欢克莱的姑娘,但她们不能超越苔丝的爱情:她们与苔丝一样向着克莱自我超越。但如果我们发现了克莱的弱点,如果我们不爱他了,即使承认苔丝有爱的自由,我们也只能从她的爱情中看到一个对象,一个对我们来说陌生的对象。他人的自由,只有当它趋向一个外来的目的或已经过时的目标时,才能以与我分离的方式存在。无知者使用他的自由去超越他的无知状态,但他对刚刚发明了一个复杂理论的物理学家来说却无所作为。竭尽所能与疾病作斗争的病人,反抗奴隶制的奴隶,他们并不关注诗歌,也不注重天文,更不在乎航空技术的改进;他们首先要的是健康,休闲,安全,能够自由地支配自己。只有当我自己的目的能够成为他人的起点时,他人的自由对我来说才有一定的意义;只有在使用我所制造的工具时,他人才能让工具的存在延续下去;渊博的学者只能对与他的知识水平相等的人说话;这样才能向他们介绍他的理论,作为新的研究的起点。他人也只有当他与我处于同一路程点上时才能陪伴我的超验。

为了不让我们的呼唤消失在虚空之中,在我身边必须有人时刻准备倾听我的呼唤;必须让众人成为我的同辈。而我是不能倒回去的,因为我超验的运动会不停地把我带向前方;而我又不能单独走向未来;我将迷失在沙漠中,在那里,我的所有脚步都将无足轻重。我必须努力给众人创造一些处境,这样他们才能陪伴并超越我的超验;我需要他们那可支配的自由,以便能使用我,通过超越而保留我。我为众人要求健康、知识、福利和娱乐,不让他们的自由在与疾病、无知和贫困的斗争中耗尽。

这样,人就必须介入两个殊途同归的方向:他可以创立一些物品,在其中找到自身超验的固定反射;他也通过一个向前的运动超越自我,这个运动就是他的自由本身;每走一步,他都努力地将众人拉向自己。他就像一位远征队队长,为自己的征途画出了一条新的道路,而他又不停地走回头路,以便找回落伍者,然后又重新往前跑,将他的远征队带向更远的前方。问题在于,不是所有的人都同意跟他走;有些人停在原地,或走上另一条不同的道路;也有一些人竭力让他和他的随行人员停止前进。在劝说工作失败的地方,为了自卫就只有使用暴力。

从某种意义上说,暴力并不是个坏东西,因为在同意或反对他人方面人们无计可施:孕育一个孩子,这并不是创造他;杀死一个人,这并不是毁灭他;我们永远只能达到他人的人为性。然而正因为这样,在选择作用于这种人为性之时,我们放弃了把他人当作一种自由,从而限制了我们的存在进一步扩展的可能性;我正在对其施行暴力的那个人不是我的同辈,而我需要众人成为我的同辈。借助暴力不会激起多少遗憾,因为要依靠被施暴的人的自由似乎更不可能:人们肆无忌惮对儿童和病人施行强制手段。但是如果我对世间所有人施行暴力,我就成了孤家寡人,那我就完蛋了。如果我将一群人变成一群牛羊,一群牲口,我就大大缩减了人类的统治。即使我只压迫一个人,从他身上可以看出,整个人类就是一个纯粹的事物;如果一个人真是一只蚂蚁,可以肆无忌惮地碾死,那么所有的人聚集在一起也只是一个蚁穴。因此,人们不可能心情舒畅地接受使用暴力:这是一种失败的印记,没有什么可以弥补。如果康德和黑格尔的普遍道德以乐观主义结束,这是因为它在否定个体性的同时,也否定了失败。但是,个体存在着,失败也存在着。如果说一颗谨慎的心在做出一个政治决定前长时间地犹豫不决,并不是因为政治问题非常困难:而是因为这些问题无法解决。然而,要弃权也是不可能的:人总是在行动。我们注定要遭到失败,因为人们注定要使用暴力;我们注定要使用暴力,因为人被分裂而且与自身相对抗,因为人们被分裂而且互相对抗着:通过暴力,人们将孩子变成一个男人,将乌合之众组成一个社会。放弃斗争,那就是放弃超验,就是放弃存在。但话又说回来,没有任何成功可以永远消除每个特别的失败所引发的绝对丑闻。

我们也不应该相信，成功就在于安稳地达到目的；我们的目的从来就只是一些新的起点。当我们将他人带到这个目的地时，一切又将重新开始；从那里出发，他将去往哪里呢？我并不满足于他总是会去某个地方这种想法：即使没有我，他也会在某个地方。我想要他延续的是我的计划。每个人都是自己决定他的计划展开到什么地步为止，而且不自我毁灭：康德是否在黑格尔身上找到了自己？他是否将黑格尔体系看作对自己的否定？要回答这个问题，就应该知道在他眼中，他的哲学的本质真理是什么。但无论如何，他的计划不可能延伸到无限；如果康德想要的只是哲学，他就没有必要写书；不管怎样，哲学已经存在；而他却想要一个他所创立的哲学，即由他一个人发展的哲学。我们想在我们的特别性中被人需要，我们也只能通过特别的计划来被人需要。我们依赖着他人的自由：他可以遗忘我们，不了解我们，使用我们，以实现不属于我们的目标。这就是卡夫卡在《诉讼》里描述的含义之一，即任何判决都永远不会结案；我们生活在一种无限的拖延状态之中。这也是莫利斯·布朗肖[①]在《亚米拿达》中所说的意思：首要之点是不能输掉，但永远也不会赢。我们只能在不确定性和风险之中承担我们的行为；而自由的本质恰恰就在于此；它不会为一个事先

---

① Maurice Blanchot（1907—2003），法国作家、哲学家、文艺理论家。

已经给予的拯救做出决定；它不会和未来签任何协议；如果它能够被它所瞄准的终点定义，那它就不再是自由；但目标永远不是终点，它向无限开放着：目标要成为结束，是因为自由在目标上停顿了一下，以此在无形的无限中确定了我的特别存在。而跟我有关的事，就是要达到我的目标，剩下的事就由不得我了。他人以我为起点创立的东西将属于他，而不属于我。我的行动只是在承担这个未来的风险；这些风险是我的有限性的反面，通过承担我的有限性，我保持着我的自由。

因此，人是能够行动的，而且必须行动：他只能在自我超越中存在。他在风险中行动，在失败中行动。他必须承担风险：在投身于不确定的未来之时，他肯定会创立他的现存。但失败是不能自行承担的。

结　论

"那然后呢？"齐纳斯问。

我要求各种自由转向我，对我的行为产生需求；但是反思能否超越这个试图证明我的行为本身呢？许多人赞赏我的作品；他们的赞许再次固定为物品；他们的赞许与我的作品一样无济于事。难道不该做出结论，说一切都是虚空吗？

反思向我揭示的是，一切计划都会让位于一个新的问题；对于我的计划，对于我自己，在我身上有一种否定的力量，通过这种力量，我会以突然出现者的形象出现在虚无中；反思会让我从虚假客观性的幻觉中解脱出来；我从反思中得知，世界上只有我的目标，没有其他目标，只有我开拓的位置，没有其他位置。而其他人也并不掌握那些我希望给予的价值：如果我超越他们，他们就不能为我做任何事。为了得到他们的认可，我首先就应该承认他们。我们的自由互相支持，就像拱顶的石块一样，而这个拱顶没有任何柱子支撑它。人类整个地悬挂在他自己创建的虚空之上，这是人类通过反思在充实之上建立的虚空。

但是，既然这个虚空仅仅是个反面物，既然反思只有在自发的运动之后才有可能出现，为什么要给它一个主导地位，为什么要否定人类的计划，与虚无的安静相提并论？反思能让虚无在我周围凸显出来，但它不能把自己移往自己内部，他不能被允许以自己的名义说话，以自己的观点去评判人的状况。在有观点的地方，就不会有虚无。事实上，我能采纳的，也只能是自己的观点。

惟一而同样的有限计划将我投向这个世界，投向这些人；如果我以绝对的爱去喜欢一个人，对我来说，他的赞同就足够了；如果我为一个城市或一个国家而行动，我会依赖于我的同胞，我的同乡；如果我要在自己和未来的世纪之间创建真正的联系，我的声音就要穿越若干世纪。诚然，无论如何会有一个点，我的超验将在那里搁浅，而我的反思也不能超越这个点。

我就存在于今天，今天将我抛向由我现有计划所确定的未来中：在计划停止的地方，我的未来也将停止，如果我声称从时间的深处凝视我自己，而我又不存在于这个时间中，那一刻就只有假动作，我所说的仅仅是些空洞的词语。从永恒的角度看，一分钟与一个世纪同样长久，正如从无限的角度看那样，一个原子与一团星云同样庞大；但我既不滑翔在无限中，也不神游在永恒中，我就处在那个由我的在场确定的世界中。人们只是朝着一个目标超越；如果我恰恰将我的目标放在我的面前，那么我将往哪里超越它呢？在我还爱着的时候，我将专注的爱情朝什么东西超越呢？当其他人开始为我而存在时，那时我就能超越这个爱情了。但是，我的计划为了我而让他们存在的所有那些人，我不知道要将他们朝着什么超越。

人们只有在实现另一个计划时才能超越某个计划。超越一个超验，这并不是实行一种进步，因为这些不同的计划是分开的；超越性超验的自身也会被超越。任何瞬间都不能与永恒会合，迷醉和焦虑在时间中还有它们的一席之地；它们自己就是一些计划：任何思想，任何情感都是计划。于是，人的生命并不表现为一种进步，而是一种轮回。"有什么用？"他说；然后又继续自己的任务：这个怀疑或迷醉的时刻，我觉得其中一切都是徒劳的，我现在看着这个时刻，就像遇到一种极坏的情绪或像孩子般的心花怒放。在这两个时刻之间，谁来评判？它们要一起存在，就得有一个第三时刻，由第三时刻来评判。因此毫无疑问，人们特别重视垂死者的最后心愿：它并不是随意什么意愿，只有在这个意愿中，垂死者才能抓住他的整个一生；面对死亡，一个亲密的朋友，会通过保持朋友的特权来延长朋友的最后时刻。只有当我与死者分离后，只有当我从外部看待他时，最后的瞬间才变成与其他瞬间一样；这时死者是真正地死了，我同样超越了死者的所有意志。

我们具有超越任何超验的自由，我们总是可以向一个"别处"逃避，但是这个别处还是某个地方，仍然处在我们人的状况之中；我们永远逃避不了人的状况的限制，我们也没有任何办法从外部来考察它，评判它。只有人的状况才使话语成为可能。只有在人的状况中才能确定善与恶；像用处、进步、害怕等词，只有在计划展现了观点和目标时才有其意义。这些词语假定了这个计划，但又不能应用于它。除了人自身，人不了解其他任何东西，除了梦想人类的事情，人甚至不会梦想任何东西；那么能将他和什么作比较呢？什么人可以评判人呢？他以谁的名义说话呢？

SIMONE DE BEAUVOIR
Pour une morale de l'ambiguïté

本书根据伽里玛出版社 2003 年法文版译出
ⓒ Éditions Gallimard, Paris, 1947
All rights reserved
All adaptations are forbidden.
Sale is forbidden outside of the People's Republic of China.

图字：09 - 2006 - 510 号

图书在版编目(CIP)数据

模糊性的道德 /（法）西蒙娜·德·波伏瓦著；张新木译. —上海：上海译文出版社,2024.4（2024.10重印）
ISBN 978 - 7 - 5327 - 9552 - 9

Ⅰ.①模… Ⅱ.①西… ②张… Ⅲ.①存在主义—理论研究 Ⅳ.①B086

中国国家版本馆 CIP 数据核字(2024)第 021909 号

模糊性的道德	SIMONE DE BEAUVOIR	出版统筹	赵武平
Pour une morale de l'ambiguïté	[法]西蒙娜·德·波伏瓦 著 张新木 译	责任编辑 装帧设计	李月敏 董茹嘉

上海译文出版社有限公司出版、发行
网址：www.yiwen.com.cn
201101 上海市闵行区号景路 159 弄 B 座
上海市崇明县裕安印刷厂印刷

开本 890×1240 1/32 印张 8 插页 2 字数 135,000
2024 年 4 月第 1 版 2024 年 10 月第 2 次印刷

ISBN 978 - 7 - 5327 - 9552 - 9/I · 5981
定价：58.00 元

本书版权为本社独家所有，未经本社同意不得转载、摘编或复制
如有质量问题，请与承印厂质量科联系，T：021 - 59404766